U. Bomba
M. Gesch
C. Kersting
U. Schnafel

KRASS KORREKT!

Soziale Kompetenzen stärken und trainieren

Übungen für Schule und Jugendarbeit

Verlag an der Ruhr

Impressum

Titel
Krass korrekt! Soziale Kompetenzen stärken und trainieren
Übungen für Schule und Jugendarbeit

Autor*innen
Ulrich Bomba, Manfred Gesch, Christiane Kersting, Uwe Schnafel

Umschlagmotive
Mauersteinwand: © vlntn – stock.adobe.com; Illustrationen: Magnus Siemens

Illustrationen und Abbildungen
© Peter Helgers, ansonsten siehe Copyrighthinweise; Schriftzug Fußzeile: Magnus Siemens; Mauersteinwand Kapiteldeckblätter: © vlntn – stock.adobe.com

Druck
AZ Druck und Datentechnik GmbH, Kempten, DE

Verlag an der Ruhr
Mülheim an der Ruhr
www.verlagruhr.de

PEFC-zertifiziert
Dieses Produkt stammt aus nachhaltig bewirtschafteten Wäldern und kontrollierten Quellen
www.pefc.de

Geeignet ab Klasse 7

Wilhelmstr. 20 45468, Mülheim an der Ruhr, E-Mail: info@verlagruhr.de
1. Auflage, 3. Druck 2025
ISBN 978-3-8346-3063-6

Inhaltsverzeichnis

4 Kopiervorlagen

Vorbemerkung

In den ersten Lebensjahren stehen Kinder vor der Herausforderung, emotionale und soziale Kompetenzen (Life Skills) zu erwerben, die sie dazu befähigen, eigene Stimmungen und Gefühle wahrzunehmen, diese mitzuteilen, sich in andere einzufühlen, Regeln zu beachten, Akzeptanz und Toleranz zu entwickeln, Schwierigkeiten, Ärger und Wut gewaltfrei zu begegnen etc. Je ausgeprägter diese früh erworbenen Grundlagen und Fähigkeiten im sozialen Umgang sind, desto größer sind die Chancen, sich im Jugend- und Erwachsenenleben sozial integriert einzubringen, erfolgreich Freundschaften zu schließen, Anerkennung zu gewinnen und Erfolg zu haben – sowohl im schulischen und beruflichen Bereich als auch in zwischenmenschlichen Beziehungen.

Die Lebenswirklichkeit zeigt aber, dass es vielfach junge Menschen gibt, die **Entwicklungsdefizite im sozialen Bereich** aufweisen und deren Chancen auf Erfolg im Leben deshalb geringer sind. Ein **Training zur Stärkung des Sozialverhaltens,** bei dem die entsprechenden Kompetenzen entwickelt, vertieft bzw. verfeinert werden, kann hier unterstützend wirken und die Erfolgsaussichten der Jugendlichen vergrößern.

Das **soziale Training „Krass korrekt!"** will mit seinen methodischen Mitteln und einzelnen Modulen Pädagogen* aus Schule, Jugendarbeit, Jugendhilfe, Suchtvorbeugung und Straffälligenhilfe anregen, ermutigen und unterstützen, die verschiedenen baukastenartigen Anwendungsmöglichkeiten zielgruppenorientiert zu nutzen und den Betroffenen so die Unterstützung zu geben, die sie benötigen.
Um in unserem Regierungsbezirk ein dementsprechendes soziales Training zu entwickeln, entstand ein Arbeitskreis aus Mitarbeitern der Arbeitsfelder Schule/Schulsozialarbeit, offene Jugendarbeit, Jugendpflege, Suchtvorbeugung, Jugendgerichtshilfe, Bewährungshilfe und Weiterbildung (Volkshochschule). Ein erstes Konzept wurde entwickelt und im Bereich von Schule und Jugendzentrumsarbeit erprobt sowie im Rahmen sozialer Gruppenarbeit wiederholt durch die Bewährungshilfe Ahlen durchgeführt. Die hierbei gemachten Praxiserfahrungen flossen in die weitere Entwicklung und Ausgestaltung des Trainings mit ein. Verschriftlicht wurde es von Mitarbeitern der Fachstelle für Suchtvorbeugung des Arbeitskreises Jugend- und Drogenberatung im Kreis Warendorf e. V., der Jugendgerichtshilfe der Stadt Ahlen und der Bewährungshilfe Ahlen. (Dank für die Mitarbeit an Birte Antons, Bewährungshilfe Warendorf, Sandra Kowalczyk, Jugendamt Beckum, Sabine Schöpper, Berufskolleg Beckum, Annette Seitz, Aidshilfe Ahlen, und Martin Werner, Jugendtreff Beelen.)

Die vorliegende Verschriftlichung ist schwerpunktmäßig eine **Arbeitsgrundlage für den Bereich Schule/Schulsozialarbeit** und darüber hinaus geeignet **für alle in der sozialen Arbeit tätigen Verantwortlichen**, die ein soziales Gruppentraining durchführen wollen und bereits Erfahrung in der Arbeit mit Gruppen haben.

Das aus **15 Sitzungseinheiten** (Modulen) bestehende soziale Trainingsprogramm ist so konzipiert, dass es in allen Bereichen der Schule oder Sozialarbeit, wo es um das Erlernen bzw. Erweitern sozialer Kompetenzen geht, angewendet werden kann. Je nach Bedarfslage kann das vollständige Programm durchgeführt oder es können auch nur einzelne Module daraus ausgewählt werden (**Baukastensystem**). Die einzel-

* Der Verlag an der Ruhr legt großen Wert auf eine geschlechtergerechte und inklusive Sprache. Seit 2019 nutzen wir daher das Gendersternchen oder neutrale Formulierungen, um alle Menschen unabhängig von Geschlecht oder Geschlechtsidentität einzuschließen. In Texten für Schüler*innen finden sich aus didaktischen Gründen neutrale Begriffe bzw. Doppelformen. Titel, wie dieser, die erstmalig vor 2019 erschienen sind, enthalten noch das generische Maskulinum.

nen Module und die darin aufgeführten Übungen sind ausführlich und praxisnah beschrieben und mit entsprechenden Anleitungen versehen, was den Einsatz des Trainings einfach macht.

Wir wünschen Ihnen viel Erfolg bei der Umsetzung!

Ulrich Bomba, Bewährungshilfe Ahlen
Manfred Gesch, Fachstelle für Suchtvorbeugung, Ahlen, Arbeitskreis Jugend- und Drogenberatung im Kreis Warendorf e. V.
Christiane Kersting, Bewährungshilfe Ahlen
Uwe Schnafel, Volkshochschule der Stadt Ahlen

Kontakt: **Arbeitsgemeinschaft Suchtvorbeugung**
c/o Fachstelle für Suchtvorbeugung
Arbeitskreis Jugend- und Drogenberatung im Kreis Warendorf e. V.
Königstraße 9
59227 Ahlen

1 Einführung in das Konzept des sozialen Trainings

Allgemeine Grundlagen des Konzepts

Soziale Kompetenz

Der Begriff „soziale Kompetenz" umschreibt die **aktive Beziehungsgestaltung von Menschen untereinander in bestimmten sozialen Situationen**. Nach Barbara Langmaack versteht sich „Soziale Kompetenz" als „ein Bündel von Fähigkeiten, um in sozialen Situationen auf der zwischenmenschlichen Ebene zu kommunizieren und zu kooperieren. Mit fachlichem und methodischem Können zusammen bildet soziale Kompetenz den Dreiklang, aus dem Handlungsfähigkeit entsteht".[1]
Die meisten Bausteine in diesem „Dreiklang" werden im Rahmen von Bindung in der Ursprungsfamilie und später im Alltagshandeln gelernt (Respekt, Toleranz, Nähe und Distanz, Verbindlichkeit, Konfliktfähigkeit, Mut, Intuition, Empathie etc.). Das Gelernte reicht aber häufig in der sich rasant verändernden Gesellschaft (mediale Schnelllebigkeit, Wertewandel etc.) nicht aus und bedarf einer Erweiterung, die bereits im Kindergarten beginnen sollte, sich in Schule und Freizeitorientierung wiederfindet und sich in der Straffälligenhilfe fortsetzen kann.

Die **Stärkung und/oder Erweiterung sozialer Kompetenzen** (Welches Verhalten ist richtig im Alltag, in Schule, Familie und Beruf? Wie verhalte ich mich in Konfliktsituationen? etc.) ist deshalb ein Grundthema für alle jungen Menschen und Voraussetzung für eine positive Lebensgestaltung. Denn letztendlich entscheidet der menschliche Umgang miteinander – und damit die soziale Kompetenz – über Erfolg und Scheitern im weiteren Leben. Das vorliegende Trainingsprogramm soll dazu beitragen, dass sich die Jugendlichen differenzierter wahrnehmen und ein **angemessenes Sozialverhalten entwickeln**. Das beinhaltet u. a. auch die Fähigkeit, sich selbst zu steuern und mit Gefühlen von Angst, Wut und Enttäuschung verbessert umzugehen.

Soziale Gruppenarbeit

Soziale Gruppenarbeit ist aufgrund ihrer pädagogischen Ausrichtung geeignet, eine **intensive Auseinandersetzung mit dem eigenen Verhalten** zu erreichen. Darunter wird hier eine intensive und zielgruppenspezifische Arbeit mit Gruppen von jungen Menschen verstanden.
Die Gruppe ist der Ort, in dem neue Umgangsformen und Gewohnheiten erprobt werden. Sie legt fest, was „in" ist und welche Regeln Geltung haben. Somit ist die Gruppe das ideale Forum für soziales Lernen.
Diese Form der Gruppenarbeit dient gleichzeitig der **Verbesserung der professionellen Beziehung zwischen Gruppenleitung und Gruppenteilnehmern**. Eine solche positive Beziehungsebene ist erforderlich, um einen effektiven Hilfeprozess gestalten zu können.

Zielsetzung

Das Ziel dieses Trainings ist die **Erweiterung von sozialen Kompetenzen** bei Schülern ab der Klassenstufe 7/8 und bei Jugendlichen bzw. jungen Heranwachsenden ab ca. 16 Jahren, die in diesen Bereichen Schwächen oder Defizite aufweisen oder sich in Gruppierungen bewegen, in denen soziale Kompetenzen eine wichtige Rolle spielen. Die Verbesserung der sozialen Kompetenzen soll erreicht werden durch eine fortlaufend bewusste Auseinandersetzung mit dem eigenen Verhalten und den daraus resultierenden Folgen.
Zielsetzungen in der Sozialerziehung sind also **ausgerichtet auf den Einzelnen** (ich auf mich), **auf den anderen** (ich auf andere) und **auf das Miteinander** (wir).
Viele Aspekte dieser Zielsetzungen finden sich in den jeweiligen Sitzungseinheiten wieder.
Das Ministerium für Kultus, Jugend und Sport des Landes Baden-Württemberg hat in einem Ratgeber für die erzieherische Arbeit in Schulen und Jugendarbeit diese Zielsetzungen in der Sozialerziehung in einem anschaulichen Schema wie folgt dargestellt.

Fokus / Komplexität	Selbst	Andere	Miteinander
Wahrnehmung	➜ auf eigene Stimmungen und Gefühle in sozialen Situationen achten ➜ auf Signale meines Körpers achten	➜ andere genau beobachten ➜ gut zuhören ➜ Stimmungen und Gefühle anderer wahrnehmen	➜ Abläufe zwischen Personen genauer wahrnehmen ➜ Stimmungen und Klima in Gruppen erspüren
Austausch	➜ Kontakt aufnehmen ➜ eigene Gefühle und Stimmungen ausdrücken ➜ eigene Befindlichkeit, Einstellung und Meinung artikulieren	➜ sich in andere einfühlen ➜ bei anderen nachfragen ➜ Perspektivenwechsel vornehmen	➜ Rückmeldungen geben und nehmen ➜ Unterschiede und Gemeinsamkeiten herausarbeiten
Akzeptanz	➜ sich selbst mit Stärken und Schwächen annehmen	➜ andere Erlebnis- und Verhaltensweisen akzeptieren und tolerieren ➜ Rücksicht nehmen	➜ Verschiedenheit akzeptieren
Soziales Handeln	➜ Schwächen zugeben ➜ nachgeben, sich zurückhalten ➜ Regeln einhalten ➜ Rechte einfordern ➜ Zivilcourage entwickeln ➜ sinnvolle Anweisungen geben ➜ mit Gruppendruck umgehen	➜ Rechte anerkennen ➜ konstruktiv kritisieren ➜ überzeugen	➜ etwas aushandeln ➜ Abmachungen und Regeln erarbeiten ➜ Kompromisse schließen ➜ kooperieren ➜ teilen können
Umgang mit Schwierigkeiten	➜ Umgang mit Stress, Ärger und Frustration ➜ Schwierigkeiten als Lernchance erkennen	➜ andere unterstützen, anderen helfen, andere schützen ➜ mit dem Ärger anderer umgehen	➜ konstruktiver Umgang mit Konflikten ➜ vermitteln ➜ Streit schlichten
Entwicklung von Einstellungen und Werthaltungen	➜ Vorurteile und Notwendigkeit positiven Zusammenlebens erkennen ➜ Freude an sozialem Engagement entwickeln ➜ Orientierung an allgemein akzeptierten Normen	➜ sich für andere einsetzen ➜ Solidarität entwickeln	➜ Schulleben bewusst als Sozialgemeinschaft verwirklichen ➜ gemeinschaftliches Ethos entwickeln ➜ Öffnung und Einbindung des Schullebens in die Gesellschaft

Rahmenbedingungen zur Durchführung des Trainings

Baukastensystem

Die Nutzung des sozialen Trainings „Krass korrekt!" ist als Baukastensystem konzipiert. Die einzelnen Gruppensitzungen sind zwar aufeinander aufbauend, können aber auch einzeln verwendet werden. Dies ist möglich, da **jede Gruppensitzung** als **eine in sich abgeschlossene Einheit** betrachtet werden kann. Die einzelnen Sitzungen können somit je nach Bedarf ausgewählt, aus der Gesamteinheit herausgelöst und als Einzelmodul angewendet werden. Gibt es beispielsweise in einer Klasse ein besonderes Konfliktpotenzial, lässt sich die Sitzung 9 „Umgang mit Konflikten" dazu nutzen, generell das Thema „Konfliktlösungsstrategien" zu erarbeiten. Eine Weiterarbeit mit anderen Bausteinen ist nicht nötig.
Einzelne Sitzungen lassen sich auch zu kleineren Arbeitseinheiten zusammenführen, um spezielle Inhalte thematisch aufzuarbeiten bzw. zu vertiefen – z. B. die Kombination der Sitzungseinheiten „Kommunikation und Gefühle", „Rollenverhalten", „Umgang mit Widerständen und Ambivalenzen" (Module 6, 8 und 13) zu einer Unterrichtseinheit zum Bereich „Verstehen und Reagieren auf andere".

Teamleitung

Das soziale Training sollte **möglichst mit zwei gruppenerfahrenen Fachkräften** durchgeführt werden, die sich im Sinne einer geschlechtsgerechten Didaktik gegenseitig ergänzen.
Im Rahmen des Einsatzes am **Lernort Schule** ist das Leitungsthema eindeutig – hier sollte die jeweilige Trainingseinheit durch eine Lehrkraft in Kooperation einer weiteren Fachkraft (ebenfalls Lehrkraft bzw. Schulsozialarbeiter o. Ä.) durchgeführt werden.
In allen **anderen sozialen Arbeitsbereichen** sollten Sozialarbeiter das Training leiten.

Altersstufen

Das soziale Training „Krass korrekt!" kann **in der Schule ab den Klassen 7/8** durchgeführt werden. In den Bereichen **Offene Jugendarbeit, Ambulante und stationäre Jugendhilfe** und **Bewährungshilfe** können **Jugendliche und junge Erwachsene im Alter von 16 bis 24 Jahren** an diesem Programm teilnehmen. Diese Teilnehmer sollten dabei intellektuell in der Lage sein, Gruppenprozesse und thematische Inhalte nachvollziehen zu können. Ferner sollten sie den Belastungen von sozialer Gruppenarbeit psychisch und physisch gewachsen sein. Auszuschließen sind Personen, bei denen ein akuter missbräuchlicher Suchtmittelkonsum erkennbar vorliegt.

Gruppenzusammensetzung

Die Gruppengröße und Gruppenzusammensetzung hängt von dem jeweiligen Arbeitsfeld ab. **Schulklassen** werden naturgemäß größer sein. Im Klassenverband sollten daher vor allem ausgewählte Sitzungselemente bzw. einzelne Sitzungen/Module eingesetzt werden, z. B. als Reaktion auf bestimmte, aktuelle Vorkommnisse. Um das soziale Training über einen Zeitraum von 4 bis 15 Sitzungen durchzuführen, bietet es sich an, mit einer **kleinen Schülergruppe** bis zu 15 Schülern zu arbeiten, z. B. im Rahmen einer AG oder im Ganztag (siehe Einsatzmöglichkeiten in der Schule, S. 13).
Die Teilnehmerzahl in **fachspezifischen Gruppen**, wie Freizeitgruppen, Gruppen der Bewährungshilfe oder Jugendgerichtshilfe, sollte nicht über zehn Personen hinausgehen.
Eine **heterogene Zusammensetzung** der Gruppe ist wünschenswert, da sie die reale Lebenswelt der Teilnehmer am ehesten widerspiegelt.

Zeitstrukturen

Die Sitzungen sollten **einmal wöchentlich** stattfinden. Für den schulischen Bereich bietet sich hier eine Doppelstunde an. Für alle anderen Bereiche können jeweils zwei Zeitstunden angesetzt werden.
Insgesamt sind **15 Gruppentreffen** vorgesehen. Die Gesamtdauer des sozialen Trainings beträgt dann ca. **drei Monate**.
Dazu ist zu beachten:

- Sollten bestimmte Inhalte innerhalb der zur Verfügung stehenden Zeit nicht bearbeitet werden können, besteht die Möglichkeit, die fehlenden Teile zu Beginn der nächsten Arbeitseinheit aufzugreifen und damit einzusteigen.
- Bei den Trainingskursen, die außerhalb der Schule angeboten werden, sind die ersten beiden Sitzungen („Kennenlernen/Regeln und Vereinbarungen", S. 23 und „Rahmenbedingungen und Kontraktabschluss", S. 25) als Blockveranstaltung konzipiert, da sie als Gruppenfindungsphase dienen sollen. Wie die anderen Module, können sie auch einzeln eingesetzt werden.
- Die erlebnisorientierte Einheit (Modul 4) ist zeitlich variabel und hängt von den örtlichen Gegebenheiten ab. Ggf. muss hierfür ein gesonderter Termin vereinbart werden. Eine Durchführung in der Anfangsphase ist empfehlenswert, da sie den Gruppenfindungsprozess positiv unterstützt.

Hinweis
In der Übersicht der Sitzungen (ab S. 22) sind die Zeiten, die angegeben werden, auf zwei Zeitstunden ausgelegt. In Klammern stehen die geplanten Zeiten, wenn in einer Schul-Doppelstunde nur 90 Minuten zur Verfügung stehen. Das sind natürlich nur Näherungswerte und die Dauer kann jeweils auch individuell angepasst werden.

Hinweis
Im Rahmen der Praxiserprobung wurde die erlebnisorientierte Einheit als vertrauensbildende Maßnahme im Klettercentrum „Big Wall" in Ahlen durchgeführt. Die Erfahrungen mit dem Klettern als Maßnahme zur Vertrauensbildung waren durchweg positiv.

Räumliche Ausgestaltung

Um dieses soziale Training durchführen zu können, müssen die Räumlichkeiten so gewählt werden, dass **Größe, Ausstattung und Atmosphäre angemessen** sind und ein möglichst störungsfreier Ablauf gewährleistet werden kann. Der Raum, in dem das Training durchgeführt wird, sollte groß, hell, freundlich, sicher und vor allem sauber sein. Und sollte der Raum über Teppichboden verfügen, bieten sich bei einer solchen Ausstattung auch Bodenübungen an. Ansonsten müssen ggf. Decken o. Ä. zur Verfügung gestellt werden.
Auch der Rückgriff auf weitere schnell zu erreichende Unterrichts- bzw. Arbeitsräume (Nachbarräume) erleichtert die inhaltliche Arbeit, da sie sich für Kleingruppenarbeiten anbieten.

Darüber hinaus sollte darauf geachtet werden, dass sowohl die Lautstärke innerhalb des Gruppenraumes als auch außerhalb nicht als Lärmbelästigung wahrgenommen wird – optimal wäre es, wenn der Raum abgelegen liegt oder über eine schalldämpfende Akustik verfügt.

Eine gute materielle Ausstattung mit Tafel, Flipchart und entsprechenden Arbeitsmaterialien (z. B. einem Moderatorenkoffer mit Stiften, Papier, Kreide, Stecknadeln, Klebern etc.) professionalisieren und erleichtern die Gruppenarbeit.
Sind diese räumlichen Grundbedingungen erfüllt, ist eine hohe Arbeits- und Lernqualität gewährleistet.

Regeln und Vereinbarungen

Ein wichtiger Aspekt von sozialer Kompetenz ist der **Umgang mit Verbindlichkeiten**. Darunter sind alle die Regeln und Vereinbarungen zu verstehen, die man mit sich selbst und mit anderen trifft. Gerade im jugendlichen Alter ist die Entwicklung des Umgangs mit Verbindlichkeiten wichtig und wegweisend für die Gestaltung des weiteren Lebensweges – sei es in schulischer, beruflicher oder sozialer Hinsicht. Denn der nur mangelhaft erlernte Umgang mit Regeln und Vereinbarungen endet nicht selten in persönlichen, beruflichen, finanziellen oder sogar in strafrechtlichen Problemlagen. Ein besonders geeignetes Übungsfeld, diese sozialen Kompetenzen zu verinnerlichen, ist die Klasse bzw. Kleingruppe, da die Auswirkungen auf das gesamte Klassen- bzw. Gruppengeschehen sofort sichtbar werden.

Da im Rahmen des sozialen Trainings schwerpunktmäßig persönliche Verhaltensweisen, Einstellungen und Erfahrungen zum Tragen kommen, müssen **Absprachen und Verhaltensregeln vereinbart** werden, die der Gesamtheit bekannt sind und von ihr akzeptiert werden. Deshalb ist es wesentlich, die Schüler/Teilnehmer nach ihren Vorstellungen, Wünschen, Ängsten und Sorgen zu befragen. Sie sollten sich dazu äußern, was sie von dem Training erwarten und was sie hier erleben bzw. nicht erleben wollen. „Verschwiegenheit", „Angriffe und Beleidigungen ausschließen", „respektvoller Umgang miteinander" etc. sind dabei in der Regel die vorherrschenden Forderungen. Gerade für Schüler ist es wichtig, die im Rahmen des sozialen Trainings geltenden Regeln und Vereinbarungen eigenständig erarbeiten zu können, ohne Vorgabe durch die begleitende Lehrerseite, hat doch gerade dieses selbsterfahrungsbezogene Lernen noch einmal einen anderen Stellenwert als fachspezifisches Lernen in Deutsch, Englisch oder anderen Fächern. Das **gemeinsame Erarbeiten von Regeln und Vereinbarungen** schafft sowohl in der Klasse als auch in anderen Gruppenformen eine **hohe Bereitschaft, diese zu akzeptieren**. Die Schüler/Teilnehmer sind bereit, Verantwortung für die Einhaltung zu übernehmen, und lernen, was es heißt, konsequent zu sein und das Vereinbarte ernst zu nehmen und einzuhalten.
„Zum einen trainieren Lernende wichtige Schlüsselqualifikationen in den Themenfeldern Wahrnehmung, Kommunikation, Kooperation und Austragung von Konflikten, zum anderen wächst das Verständnis für die Regeln, an denen man mitgewirkt hat, mit der Folge, dass eine höhere Akzeptanz der Regeln existiert bis hin zur Verantwortung, die Regeln einzuhalten und durchzusetzen. Dies bewirkt erfahrungsgemäß eine Verbesserung des Klassen- bzw. Schulklimas."[2]
In dem vorliegenden Konzept wird deshalb ganz bewusst auf die Festsetzung von Regeln und Vereinbarungen durch die Leitung verzichtet. Vonseiten der Leitung wird lediglich der äußere Rahmen festgelegt (Zeitpunkt, Örtlichkeiten, Dauer etc.). Dazu gehört auch die Orientierung an den Gesprächsregeln von Ruth C. Cohn (siehe S. 20) als gewünschtem Verhalten (zuhören, ausreden lassen, Ich-Form, Störungen haben Vorrang etc.).

Die Erarbeitung der Regeln und Vereinbarungen erfolgt nach folgenden **Kriterien**:

Regeln:
- ➜ Sie müssen eine Konsensentscheidung der Gruppe sein.
- ➜ Bei einem Regelverstoß erfolgt eine Konsequenz, die zuvor festgelegt wird.
- ➜ Es muss geklärt sein, wer die Konsequenz umsetzt.
- ➜ Stellt sich später heraus, dass eine Regel nicht mehr konsensfähig ist, wird sie zur Vereinbarung.

Vereinbarungen:
- ➜ Für eine Vereinbarung reicht die einfache Mehrheit der Gruppe.

- Eine Vereinbarung beschreibt ein gewünschtes Verhalten innerhalb der Gruppe.
- Bei einem Verstoß gegen eine Vereinbarung tritt die Rahmenfestlegung/Gesprächsregel „Störungen haben Vorrang" in Kraft (siehe S. 20): Im Rahmen eines Gruppengespräches muss dann eine Lösung gefunden werden, wie auf diesen Verstoß zu reagieren ist.
- Vereinbarungen sind veränderbar.

Hinweis
Sollten Absprachen getroffen werden, die dem inhaltlichen Ziel des Trainings widersprechen (z. B. bei einer Regelung, die heißen könnte, dass die Schüler/Teilnehmer 50 % der Kursdauer fehlen dürfen), dann hat die Gruppenleitung hier ein Widerspruchsrecht, muss aber die Entscheidung begründen.

Hinweis
Die Einhaltung von Regeln und Vereinbarungen war in allen durchgeführten Trainingskursen ein Dauerthema. Die Ergebnisse der einzelnen Klärungsprozesse waren eindeutig: Wenige Regeln und viele Vereinbarungen helfen, das Programm ordnungsgemäß durchzuführen. Durch die fortlaufende Konfrontation mit den eigenen Absprachen erübrigten sich Machtkämpfe zwischen Gruppenteilnehmern und Leitung weitgehend von selbst.

Dokumentations- und Auswertungsinstrumente

Als Hilfsmittel bei der Vorbereitung von Gruppensitzungen steht ein sogenannter „**Ablaufplan**" zur Verfügung. Im Anhang ist dieses Instrument als Kopiervorlage hinterlegt (siehe S. 117).

Darüber hinaus ist es bei einer vollständigen Durchführung des Trainings hilfreich, die Gruppensitzungen durch **Protokolle** (siehe Kopiervorlage S. 118) zu dokumentieren.
Das Verhalten der einzelnen Schüler/Teilnehmer wird gesondert mittels **Beobachtungsbögen** (siehe Kopiervorlage S. 119) festgehalten.
Wenn diese Dokumentationsinstrumente konsequent genutzt werden, ergibt sich nach Abschluss des sozialen Trainings eine **individuelle Auswertungsmöglichkeit** für die Schüler/Teilnehmer (siehe Kopiervorlage S. 120) über den Lernzuwachs und die wahrgenommene, persönliche Entwicklung.

Einsatzmöglichkeiten des sozialen Trainings

Schule

Im **schulischen Einsatz** des sozialen Trainings mit Klassenstärken bis zu 30 Schülern ist ein punktueller Einsatz von **einzelnen Übungsteilen** empfehlenswert. Die Übung „Große Freude, kleiner Ärger, stummer Fisch" (siehe S. 60) – einsetzbar zu Beginn einer Unterrichtsstunde in allen Fächern – ist z. B. ein Klassiker, um die aktuelle Stimmung der einzelnen Schüler, aber auch der gesamten Klasse blitzlichtartig zu erfassen. Ritualisiert eingesetzt, lernen die Schüler, sich in der Klasse mitzuteilen, zuzuhören, aufeinander einzugehen usw., was Konsequenzen im Umgang miteinander hat.
Aber auch **ganze Sitzungseinheiten** können punktuell im schulischen Alltag mit in den Unterricht integriert werden – sei es bei der Erstellung von selbst gesetzten Regeln und Vereinbarungen (Sitzung 1, siehe S. 23), über das Erfahren, wie hilfreich Teamarbeit sein kann (Sitzung 5, siehe S. 30) und wie viel Spaß diese Art des Lernens machen kann (Übung „Turmbau", siehe S. 69) bis hin zur fachspezifischen Ausrichtung bei der Sitzung „Umgang mit

Konflikten (Sitzung 9, siehe S. 42) in den Fächern Deutsch, Religion, Ethik etc. Zudem können einzelne Module ihren Platz als erlebnispädagogische Maßnahme im Rahmen des Sportunterrichts, eines Klassenausflugs oder auf einer Klassenfahrt finden.

Um das soziale Training über einen **Zeitraum von 4 bis 15 Sitzungen als Auswahl mehrerer Module oder komplett** durchzuführen, bietet es sich an, mit einer kleinen Schülergruppe von bis zu 15 Schülern zu arbeiten. Wie beschrieben, sollten in diesem Fall zwei pädagogische Fachkräfte das Training durchführen. Raum bietet dafür z. B. ein Kurs innerhalb einer Projektwoche, eine Durchführung im Rahmen von thematisch ausgerichteten Schulendtagen bzw. Klassenfahrten oder auch der thematisch ausgerichtete Unterricht im Rahmen einer Arbeitsgemeinschaft. Auch als Angebot im Nachmittagsbereich einer Ganztagsschule kann ein solcher Kurs durchgeführt werden.

Hinweis
Die praktische Umsetzung im Rahmen der Projektplanung hat gezeigt, dass die Durchführung längerer Trainingsmaßnahmen die Integration einzelner Schüler und Schülergruppen förderte und zu einem entspannteren Umgang im Klassenverband geführt hat. (Praktisch erprobt wurde das Training in einer Berufsschule mit einer Lehrkraft und einer Schulsozialarbeiterin als Tandem.)

Hinweis
Die Rollenspiele und die Videoarbeit stellten sich in der Durchführung leichter dar, als zunächst angenommen. Die Schülergruppe reagierte durchweg positiv und bereitwillig auf die spielerischen Angebote. Trotz einiger Widerstände beteiligten sich alle Schüler nach ihren Möglichkeiten. Auch die Bereitschaft, bei der szenischen Darstellung mitzuwirken, musste nicht extra geweckt werden. So konnte jeder Schüler – im Rahmen der eigenen Fähigkeiten – bei den angebotenen Übungen und Aufgaben wichtige Erfahrungen über das eigene Sozialverhalten machen.

Offene Jugendarbeit

Da die Durchführung einer regelmäßigen Gruppenarbeit in der offenen Jugendarbeit aufgrund der hohen Fluktuation eher unwahrscheinlich ist, bietet sich hier – ähnlich wie im Bereich Schule – an, **einzelne Sitzungseinheiten punktuell zu nutzen** und sie z. B. als Hilfsmittel zur Aufarbeitung aktueller Geschehnisse einzusetzen.

Die **Durchführung eines längeren Trainings** mit fünf Sitzungseinheiten und mehr bietet sich dagegen nur im Rahmen eines Wochenendkurses im Haus (freitags bis sonntags) bzw. als Exkursion oder im Rahmen einer externen Freizeitmaßnahme an.

Ambulante und stationäre Jugendhilfe

Im Rahmen der **Fremdunterbringung** von Jugendlichen (Wohngruppe, Heimerziehung) bieten sich auch hier vor allem **einzelne Sitzungseinheiten** als Reaktion auf aktuelle Geschehnisse (Gewalt, Zerstörung, Konflikte) an.

Für die **Jugendgerichtshilfe** besteht die Möglichkeit, den sozialen Trainingskurs als **erzieherische Maßnahme** als Ersatz für Ableistung ausgesprochener Sozialstunden anzubieten. Der §10 des Jugendgerichtsgesetzes (JGG) ermöglicht, jungen Menschen, die durch ihre strafbare Handlung Defizite in ihrem Sozialverhalten gezeigt haben, die Teilnahme an einem

sozialen Training aufzuerlegen.
Es handelt sich um eine ambulante Maßnahme die (sozial)pädagogisch ausgerichtet ist und dazu beitragen soll, freiheitsentziehende Strafen, wie Dauerarrest, Untersuchungshaft und Jugendstrafe, zu vermeiden.
Als regelmäßiges Gruppenangebot, als Kompakttraining oder als sozialpädagogisches Wochenende angeboten, führt es hier nach den Erfahrungen der Autoren zur Stärkung des Sozialverhaltens des Einzelnen und zur Förderung der sozialen Kompetenz der Gesamtgruppe.

Bewährungshilfe

In der Arbeit mit straffälligen Jugendlichen und jungen Erwachsenen wird man häufig mit **Verhaltensmerkmalen** konfrontiert, die sich wie folgt beschreiben lassen: Schwächen in der Konfliktbewältigung, mangelnde Kommunikationsfähigkeit, Diskrepanz zwischen auffälligem und überangepasstem Verhalten, unkontrollierter Umgang mit den eigenen Aggressionen, Wahrnehmungsstörungen (Selbst-/Fremdwahrnehmung), Sich-Hinwegsetzen über moralische und juristische Grenzen, defizitäres Selbstmanagement (Umgang mit Vereinbarungen und Verbindlichkeiten), mangelnde Beziehungs- und Bindungsfähigkeit etc.
Ausgehend von diesen Merkmalen, liegen die **Zielsetzungen** des sozialen Trainings hier in der Bewusstmachung der eigenen Schwierigkeiten im Umgang mit sich selbst und anderen sowie der Auseinandersetzung mit den daraus resultierenden Folgen. Dazu gehört auch das Aufzeigen von alternativen Verhaltensweisen, um so eine Veränderung der persönlichen Strukturen herbeiführen zu können.
Für den Klienten der Bewährungshilfe können sich – neben der Erweiterung seiner sozialen Kompetenzen – zusätzlich folgende **positive Auswirkungen** ergeben: Abwendung einer Arbeitsauflage, Möglichkeit einer Verkürzung der Bewährungszeit bzw. der Aufsicht durch den Bewährungshelfer, positive Sozialprognose durch den Bewährungshelfer in einem weiteren Strafverfahren (Voraussetzung für eine Strafaussetzung zur Bewährung).

Hinweis
Im Rahmen der Praxiserprobung konnte bei allen Gruppenteilnehmern festgestellt werden, dass sich im Verlauf der durchgeführten Trainingskurse sowohl ihre Motivation als auch ihre Bereitschaft zur aktiven Mitarbeit in der Gruppe positiv entwickelten. Die Tatsache, dass diese Kurse nicht freiwillig waren, rückte in den Hintergrund. Das Maß an Verbindlichkeit stieg deutlich an und die Bereitschaft, sich mit dem eigenen Verhalten auseinanderzusetzen, wuchs sichtbar. Erstaunlicherweise wurden die Straftaten der einzelnen Gruppenteilnehmer wenig oder gar nicht zum Thema gemacht, wohl aber die Defizite der sozialen Kompetenzen, die zur Bewährungsaufsicht geführt hatten.

Eingesetzte Methoden

Interaktionsübungen

Aus dem Schulunterricht, Konferenzen, Arbeitsgruppen usw. wissen wir, dass Kommunikation und Aktion der Teilnehmenden in der Regel verbal verlaufen. Der Rest des Körpers verbleibt in einem Zustand mehr oder weniger großer Passivität. Dass **zum Lernen der ganze Körper gehört**, wird in unserem Lebens- und Berufsalltag häufig vernachlässigt. In der pädagogischen Gruppenarbeit, in therapeutischen Ansätzen sowie in theaterpädagogischen Konzepten gehören Interaktionsübungen dagegen zum Standardrepertoire.
Im vorliegenden Konzept werden viele solcher Übungen eingesetzt, um den Jugendlichen ein

Lernen mit dem ganzen Körper zu ermöglichen. Dies geschieht sowohl in der **spielerischen Interaktion mit anderen** als auch durch **individuelles Erleben der Gefühle am eigenen Körper** unter anderem in der szenischen Darstellung sowie bei Körper- und Entspannungsübungen.
Kennenlernübungen, Übungen zur Raumerfahrung, Übungen im Kreis, Partnerübungen, Lauf- und Bewegungsübungen, Vertrauensübungen, Wettkampfspiele etc. sind zudem weitere Möglichkeiten, mit anderen Gruppenteilnehmern in Kontakt zu treten. Sie lassen sich auch als Anwärmübung für die weitere Arbeit in der Klasse bzw. Gruppe nutzen.

Im sozialen Training bieten Interaktionsübungen und Spiele die Möglichkeit, den **Übergang vom Alltag in den Gruppenprozess** fließend(er) erfahrbar zu machen. Sie wirken belebend, auflockernd und haben darüber hinaus wichtige soziale Bedeutungen, u. a. die Förderung der Kommunikation und des gegenseitigen Kennenlernens. Interaktionsübungen tragen dazu bei, Anfangsängste und Blockaden abzubauen, die Konzentration auf sich zu fördern und für den Gruppenprozess zu sensibilisieren sowie die Gruppe als Ganzes zu aktivieren. Die dabei gemachten Gefühlsempfindungen und Erfahrungen lassen sich im Gespräch (Paargespräch, Kleingruppe, Plenum) mit den anderen Gruppenteilnehmern austauschen und vergleichen. Gerade dieser Selbstreflexionsprozess bietet die Möglichkeit zur bewussten Vertiefung der gemachten Erfahrungen.
Dass sich die **Auswahl** der einzusetzenden Übungen an der jeweiligen Arbeitseinheit orientiert, versteht sich von selbst, denn diese Übungen bilden dann den Ausgangspunkt für das weitere Handeln in der jeweiligen Gruppensituation.

Schwierig ist beim Einsatz solcher Übungen der Umstieg von der momentanen Lebenssituation auf das **Einlassen auf neue Erfahrungen**.

Je älter die Schüler/Teilnehmer einer Klasse/Gruppe sind, umso größer ist ein möglicher Abwehr- und Verdrängungseffekt gegenüber einem spielerischen Ansatz. Gerade beim Einsatz von Interaktionsübungen ist zu berücksichtigen, dass Schule, Arbeitsplatz und Freizeit durch Leistungsanforderungen, Stress und Konsumorientierung bestimmt sind, bei dem spielerische Selbsterfahrungsprozesse in der Regel wenig Platz haben. Stellen Sie sich daher auch auf abwehrende Reaktionen ein.

Hinweis
Wichtig ist beim Einsatz von Interaktionsübungen, dass sich die Leitung (Lehrkraft, Sozialarbeiter) ihrer Sache sicher ist und die Übungen möglichst selbst ausprobiert hat.

Strukturiertes Rollenspiel

Beim strukturierten Rollenspiel **übernehmen die Mitwirkenden Rollen fiktiver Charaktere** bzw. Figuren und erleben selbst handelnd soziale Situationen in einer vorgegebenen Situation. Verwendet werden die eigene Fantasie, die Fantasie der Mitspieler und ein Regelwerk, das das Spiel strukturiert und eingrenzt. In der sozialen Gruppenarbeit ist diese Form des Rollenspiels eine wichtige Methode, um hier **reale Lebenssituationen zu simulieren**.

Hauptziel dieses sozialen Trainings ist, dass die Schüler/Teilnehmer ihre sozialen Handlungskompetenzen erweitern. Sie können sich dazu bei einem Rollenspiel in ihren jeweiligen Rollen ausprobieren, versuchen, sich entsprechend zu verhalten, und lernen, andere in ihren zugedachten Rollen zu akzeptieren.
Das **spezielle Ziel** ist es, die Verhaltensweisen der Rollenspieler in Verbindung mit den drei Ich-Zuständen aus der Transaktionsanalyse (siehe S. 17) zu bringen, um so bei den Schü-

lern/Teilnehmern eine bewusstere Wahrnehmung für ihr Verhalten herzustellen. Darüber hinaus erhalten die Schüler/Teilnehmer durch den Einsatz des strukturierten Rollenspiels die Möglichkeit, ein Gespür für die Auswirkungen ihres Verhaltens auf sich selbst und andere zu entwickeln.

Hinweis

In dem hier vorliegenden Trainingsprogramm sind speziell die Bereiche „Beziehung", „Recht" und „Sympathie" als Grundlage des Rollenspieles ausgewählt worden, da es der Lebenswirklichkeit des Gruppenteilnehmerkreises am nächsten kommt und positive Erfahrungen mit diesen Themen in anderen sozialen Kompetenztrainings gemacht worden sind.

Szenisches Spiel bzw. psychodramatische Vignette

Das szenische Spiel bzw. die psychodramatische Vignette sind Methodenelemente der **spielerischen Darstellung von Szenen**, in denen es um **Verhalten und den Umgang mit möglichen Konflikten**, aber auch um das **Nachempfinden von Situationen anderer Menschen** geht. Das szenische Spiel bzw. die psychodramatische Vignette hat nur eine Szene. Auf tiefer gehende biografische Bearbeitung wird bewusst verzichtet.

Das Spiel hat **einen Protagonisten** (Hauptdarsteller), der vorher von der Gruppe gewählt wird und der Bereitschaft signalisiert hat, eine ihn belastende Situation darzustellen. Er bestimmt auch den Ablauf der Szene und wählt die Mitspieler aus. Darüber hinaus gibt er den Mitspielern klare Rollenanweisungen. Er führt quasi die Regie in seinem eigenen Stück. Der Leiter hat hier eher eine moderierende bzw. begleitende Funktion.

Ziel ist, das innere Bild des Protagonisten szenisch nach außen (in die Klasse/Gruppe) zu bringen. So bekommt der Darsteller die Möglichkeit, sein **Verhalten in dieser Situation noch einmal zu erleben**, differenziert wahrzunehmen und zu reflektieren. Darüber hinaus besteht in einem zweiten Schritt die Möglichkeit – durch eine Wiederholung der Szene –, **neue Verhaltensweisen und Strategien auszuprobieren** und in der Realität anzuwenden. Auch hier dienen die drei Ich-Zustände der Transaktionsanalyse (siehe unten) als methodische Orientierung.

Kreative Gestaltungselemente

Im sozialen Trainingsprogramm werden kreative Gestaltungselemente, wie **malen, basteln, bauen** etc., oft zum Anwärmen oder als Weiterarbeit in der allgemeinen Gruppenarbeit eingebunden.

Elemente aus der Transaktionsanalyse

Die Transaktionsanalyse geht zurück auf den Psychiater Eric Berne (1910–1970) und seine beruflichen **Beobachtungen zwischenmenschlicher Kommunikation**. Die zwischen Menschen stattfindende verbale und nonverbale Kommunikation und die damit verbundenen unterschiedlichsten Gefühlszustände werden von ihm als „Transaktion" verstanden.
Die **Transaktionsanalyse** geht von folgendem Ansatz aus: Wenn zehn unterschiedliche Leute zehn anderen Personen dieselbe Frage stellen, erhalten sie alle völlig verschiedene Antworten. Die Reaktion der zweiten Person wird dabei nicht nur von der Fragestellung beeinflusst, sondern auch von der Beziehung zum Fragenden und der eigenen Stimmung.[3]

Der Kernpunkt der Transaktionsanalyse ist **das Konzept der ICH-Zustände**. Dieses beschreibt den aktuellen psychischen Zustand und die dazugehörige Verhaltensform eines Menschen im Umgang mit einer anderen Person. In folgenden ICH-Zuständen kann ein Mensch agieren:

- im sogenannten **Eltern-ICH**, das sowohl kritisch belehrend als auch fürsorglich beschützend sein kann,
- im ausgeglichenen, reflektierten Erwachsenen im sogenannten **Erwachsenen-ICH**, das klar ist und kompromissorientiert agiert und begleitet,
- und im **Kind-ICH**, in dessen Stadium sich der Mensch 3-fach verhalten kann:
  - als rebellisches, trotziges Kind,
  - als angepasstes, unterwürfiges Kind oder
  - als freies, spontan reagierendes Kind.

Je nachdem, in welchem ICH-Zustand sich die einzelnen Kommunikationspartner begegnen, verläuft das Gespräch ergebnisorientiert zufrieden, plätschert dahin oder endet mit Unverständnis.

Hinweis
Beispiel: Erhält ein Mann auf die Frage „Wo sind meine Socken?" (gestellt im Stadium des Erwachsenen-ICHs) von seiner Frau die Antwort „Da, wo du sie liegen gelassen hast.", ist davon auszugehen, dass die Antwort im Stadium des Kind-ICHs (trotziges Kind) formuliert wurde. Von einem befriedigenden Gesprächsergebnis kann hier sicher keine Rede sein.

Die Kommunikationsprozesse, ihr Entstehen und die damit verbundenen Reaktionen lassen sich mithilfe der Transaktionsanalyse hervorragend darstellen. Verhaltensweisen und Reaktionen werden in der Klasse/Gruppe wahrgenommen und anhand der drei verschiedenen ICH-Zustände reflektiert. Die Klasse/Gruppe funktioniert als Modell und jeder einzelne Schüler/Teilnehmer kann hier sich selbst und seine Reaktionen kennenlernen und verändertes Verhalten in vorgegebenen Praxissituationen erproben.
Die Transaktionsanalyse eröffnet den Schülern/Teilnehmern somit einen **neuen Blickwinkel auf ihr eigenes Verhalten** – nicht abgehoben intellektuell, sondern mit praktischen Beispielen aus dem eigenen Leben, die jeder selbst einbringen und aufgearbeitet nachvollziehen und verstehen kann.

Erlebnispädagogische Maßnahmen

Heckmair und Michl definieren Erlebnispädagogik als eine „handlungsorientierte Methode, in der die Elemente Natur, Erlebnis und Gemeinschaft pädagogisch zielgerichtet miteinander verbunden werden. [...] Sie trägt zur zwischenmenschlichen Begegnung und Beziehung bei, weil sie durch oft notwendige persönliche Nähe neue Sichtweisen der Fremd- und Selbstwahrnehmung eröffnet, weil bisher feste Einstellungen und Urteile ins Wanken kommen können."[4]

Das **wesentliche Grundprinzip** für die Teilnahme an einer erlebnispädagogischen Maßnahme **ist die Freiwilligkeit**. Sie ist eine Voraussetzung für das Erzielen von Lernerfolgen. Die Leitung der erlebnispädagogischen Maßnahme kann durchaus motivieren; die endgültige Entscheidung zur Teilnahme verbleibt allerdings bei dem Schüler/Teilnehmer selbst und muss akzeptiert werden.

Gruppenpädagogische Aktivitäten stellen dabei den Hauptbestandteil der Erlebnispädagogik dar. Sie zielen auf die Förderung von sozialen Kompetenzen und Kooperationsfähigkeit, wobei die Notwendigkeit von Zusammenarbeit deutlich wird.

Erlebnispädagogische Maßnahmen finden mit Distanz zum Alltag statt, um durch ungewöhnliche Situationen die Chance zu erhöhen, aus einem Ereignis ein **nachhaltig wirkendes Erlebnis** werden zu lassen. Ein wesentliches Merkmal der Erlebnispädagogik ist die außergewöhnliche Lernsituation, die vielfältig, nicht alltäglich, real und ernsthaft sein muss, um Grenzerfahrungen zu ermöglichen.

Darüber hinaus ist zu beachten:

- → Da die erlebnispädagogische Maßnahme immer auch der Gruppenfindung dient, ist sie in die Anfangsphase der Maßnahme zu integrieren.
- → Findet das soziale Training in der Schule statt, muss abgeklärt werden, wie so eine Maßnahme in deren Rahmenbedingungen stattfinden kann: Soll dafür ein Wandertag eingesetzt werden? Wer übernimmt die Kosten? Liegen Einverständniserklärungen von den Erziehungsberechtigten vor? usw.

Hinweis
Bei dem hier vorgestellten Training wird die erlebnispädagogische Maßnahme mit dem Beispielschwerpunkt „Klettern" zwischen die dritte („Vertrauen", siehe S. 27) und die fünfte Sitzung („Teamfähigkeit", siehe S. 30) eingebettet. Direkt im Anschluss an die erlebnispädagogische Maßnahme oder zu Beginn der fünften Sitzung kann so das vorangegangene Thema „Vertrauen" erneut aufgenommen werden.

Einsatz von Videotechnik

Die Zeit von Kindheit und Jugend ist heute gleichbedeutend mit Medienzeit. Die **Medienvielfalt** vom I-Phone über das I-Pad bis hin zu sozialen Netzwerken ermöglicht mit einfachsten technologischen Mitteln, Fotos zu machen, Filmsequenzen zu erstellen und spontane Realitätshandlungen bildlich festzuhalten. YouTube, Instagram und TikTok bilden hierbei Plattformen, um sich medial zu präsentieren. Dieser alltägliche Umgang mit selbst produzierten Bildern und Tönen lässt sich positiv in das soziale Training integrieren. Die **Kamera als Medium** ist sowohl den Schülern als auch den jugendlichen Teilnehmern vertraut. Im Rahmen des sozialen Trainings dient sie dazu, die Wahrnehmungsfähigkeit und das Sozialverhalten aller Schüler/Teilnehmer zu schulen. Der bekannte Effekt des „Sich-selbst-Darstellens" wird erweitert durch die direkte Ergebnisüberprüfung spontanen Handelns im Sinne von „Machen – Sehen – Bewerten – Lernen".

Sich selbst in einer **Filmsequenz** zu erleben, ermutigt Jugendliche, sich aktiv mit den Themenvorgaben auseinanderzusetzen. Dazu erhalten einzelne Schüler/Teilnehmer Rollen- und Szenenvorgaben und reagieren spontan auf die Handlungsanweisungen. Die aufgestellte (Handy-)Kamera (Stativ und Kamera mit Mikrofon) hält die Aktion fest. In der Nachbetrachtung – dem wesentlichsten Aspekt der Videoarbeit – haben dann sowohl die Akteure als auch die anderen Schüler/Teilnehmer die Möglichkeit, die gefilmte Szene im Sinne von handelndem Lernen zu bewerten:

- → War das Handeln erfolgreich?
- → Welche Alternativen hätte es geben können?
- → Was hat den Erfolg verhindert bzw. herbeigeführt?

etc.

Im Mittelpunkt der Videoarbeit stehen also kritische Reflexion und Veränderungsmöglichkeiten des eigenen Rollenverhaltens.
Mit dem Medium „Film" wird somit **exemplarisches Lernen im Sinne der Unterstützung/Entwicklung sozialer Verhaltensweisen** in der Gruppe ermöglicht.

Themenzentrierte Interaktion nach Ruth C. Cohn

Wichtig für die gesamte inhaltliche Gruppenarbeit und die damit verbundenen Lernprozesse sind Absprachen über den Umgang miteinander in der Gruppe, zu denen auch **Gesprächsregeln** zählen. Grundlage dieser Gesprächsregeln sind die Erarbeitungen von Ruth C. Cohn (1912–2010), die verschriftlicht in jeder Gruppensitzung ausgehängt werden und somit für alle Schüler/Teilnehmer optisch präsent sind. Sie lauten:

- **Lass den anderen ausreden.**
- **Bestimme selbst, wann du reden oder schweigen willst.**
- **Bevor du etwas sagst, entscheide, ob dein Beitrag zur aktuellen Situation passt.**
- **Benutze das Wort „ich" und nicht die Wörter „man" oder „wir".**
- **Höre zu, wenn du eine Rückmeldung bekommst.**
- **Vermeide Interpretationen.**
- **Störungen haben Vorrang.**

Ruth C. Cohn widmete sich der Psychotherapie in Gruppen und entwickelte die „themenzentrierte Interaktion" (TZI). Ziel der TZI ist es, auf dem Hintergrund der Gestalttherapie und der Gruppendynamik, **soziale Lernprozesse und individuelle Entwicklungsmöglichkeiten in Gruppen zu fördern**, wobei auf Störungen des Einzelnen innerhalb des Gruppenprozesses Rücksicht genommen wird („Störungen haben Vorrang"). Aufgabe des einzelnen Individuums ist es, diese **Störungen zu erkennen und selbstständig zu benennen**.
Dieses soziale Lernen und Handeln gilt sowohl für den „therapeutischen" Gruppenprozess als auch für verantwortliches Handeln in privaten, schulischen, beruflichen und politischen Handlungsfeldern.
Soziale Kompetenzen werden im Gruppenrahmen (also auch im Klassenverband) dadurch erweitert, dass die einzelnen Schüler/Teilnehmer, einschließlich der Leitung, **eigenverantwortlich für die Umsetzung der vorgenannten Regeln** verantwortlich sind.

2 Sitzungen/Module

Inhaltlicher Überblick über die Sitzungen

Gruppenphase	Nr.	Themen und Inhalte
Anfangsphase		
Gruppenfindung	1	**Kennenlernen/Regeln und Vereinbarungen** Kennenlernen, Vorstellung der Inhalte, Regeln und Vereinbarungen erarbeiten
Gruppenfindung	2	**Rahmenbedingungen und Kontraktabschluss** Bedingungen des Trainings, Verbindlichkeiten schaffen, Kontraktabschluss
Gruppenfindung	3	**Vertrauen** Auf eigene Stimmungen achten. Was traue ich der Gruppe und mir zu?
Gruppenfindung	4	**Erlebnispädagogische Maßnahme** Praktisches Erleben von Vertrauen, Verschiedenheit akzeptieren
Intensivphase		
inhaltliche Arbeit	5	**Teamfähigkeit** Selbsterfahrungsorientierte Gruppenübungen zum Teamverständnis
inhaltliche Arbeit	6	**Kommunikation und Gefühle** Transaktionsanalyse; praktisches Erleben der Ich-Zustände
inhaltliche Arbeit	7	**Körpersprache** Darstellung des Wahrnehmungsprozesses; Wirkung nonverbaler Gesten
inhaltliche Arbeit	8	**Rollenverhalten** In welchen Rollen bewege ich mich und wie verhalte ich mich richtig?
inhaltliche Arbeit	9	**Umgang mit Konflikten** Brainstorming zum Thema „Konflikte", Konfliktdarstellung im Rahmen des Eisbergmodells, Bewusstmachung der eigenen Konfliktlösungsstrategien
inhaltliche Arbeit	10	**Selbstwahrnehmung/Fremdwahrnehmung I** Mittels Anwärmübungen Gefühle erleben und ausdrücken (verbal und nonverbal); Gefühle in unterschiedlichen Rollen und Situationen erleben (Videoarbeit)
inhaltliche Arbeit	11	**Selbstwahrnehmung/Fremdwahrnehmung II** Auswertung der mitgeschnittenen Rollenspiele; Rückmeldung der Gruppe; alternatives Verhalten einüben; Selbstreflexion
inhaltliche Arbeit	12	**Werteorientierung – „Was ist mir wichtig?"** Bewusstmachung von Werten; Unterscheidung zwischen materiellen und ideellen Werten; Gestaltung eines eigenen Wertebaumes
inhaltliche Arbeit	13	**Umgang mit Widerständen und Ambivalenzen** Nebeneinander von gegensätzlichen Gefühlen, Aussagen und Gedanken erfahren; Entscheidungshilfe aufzeigen und Entscheidungen treffen
Ausstiegsphase		
Auswertung	14	**Transfer in den Alltag** Gedankenreise „Zukunftsplanung", zielorientiertes Vorgehen
Auswertung	15	**Abschlusssitzung** Rückblick; Selbstreflexion: Mein persönlicher Lernerfolg; Abschlussaktion

Sitzung 1: Kennenlernen/Regeln und Vereinbarungen

Zeit	Inhaltlicher Ablauf
10 Minuten (8 Minuten)	Begrüßung der Schüler/Teilnehmer In neu zusammengestellten Gruppen stellen sich die Kursleiter vor.
15 Minuten	**Kennenlernübung: „Reihen bilden" (S. 60)** Die Schüler/Teilnehmer ordnen sich nach verschiedenen Kriterien oder bilden eine Reihe (z. B. nach Wohnort, Stadtteil, Geburtsort, Schuhgröße, Alter, Größe, Geschwisterzahl, alphabetischer Namensordnung). **Abschluss der Übung (wichtig in eher unbekannten Gruppen): Namen kenntlich machen** Die Leitung fragt: „Wie möchtest du hier angesprochen werden?" Jeder Schüler/Teilnehmer schreibt seinen Namen (Vorname, Spitzname) auf selbstklebendes Kreppband und klebt ihn sichtbar an seine Kleidung. **Alternative:** Die Schüler/Teilnehmer können sich mit der Übung **„Paarinterview" (S. 61)** besser kennenlernen.
10 Minuten	**Infos zum formalen Ablauf des Trainings** Auf dem Flipchart stellt die Leitung den formalen Ablauf des Trainings dar: ➜ Wann findet das Training statt? ➜ Wo findet es statt? ➜ Wie lange dauern die Einheiten? ➜ Vorgehen bei Verhinderung
15 Minuten (10 Minuten)	**Anwärmen** in Form eines **„Brainstormings" (S. 67)** Die Leitung stellt die Frage: „Was fällt dir zum Begriff ‚Soziale Kompetenz' ein?" Die Schüler/Teilnehmer benennen spontan Begriffe, die ihnen in den Sinn kommen. Die Ergebnisse werden auf dem Flipchart gesammelt. Eine weitere Bearbeitung der gesammelten Begriffe erfolgt zunächst nicht.
10 Minuten (5 Minuten)	**Pause**
5 Minuten (3 Minuten)	**Konzentrationsübung „Bälle fangen" (S. 78)** Zunächst wird ein Ball, später dann werden mehrere Bälle in einer festgelegten Reihenfolge im Kreis hin- und hergeworfen. Als **Alternative** können auch die Übungen **„Klatschkreis"**, **„Ballsalat"** oder **„Imaginäre Bälle" (S. 78)** durchgeführt werden.
5 Minuten	**Infos zum inhaltlichen Ablauf des Trainings** Von der Leitung werden die Themen der einzelnen Gruppensitzungen auf dem Flipchart dargestellt und mündlich erläutert.

5 Minuten	**Vorstellen der Gesprächsregeln nach Ruth C. Cohn** Danach visualisiert die Leitung die folgenden Gesprächsregeln, die ebenfalls auf dem Flipchart gezeigt werden, und diskutiert sie mit den Schülern/Teilnehmern: ➜ Lass den anderen ausreden. ➜ Bestimme selbst, wann du reden oder schweigen willst. ➜ Bevor du etwas sagst, entscheide, ob dein Beitrag zur aktuellen Situation passt. ➜ Benutze das Wort „ich" und nicht die Wörter „man" oder „wir". ➜ Höre zu, wenn du eine Rückmeldung bekommst. ➜ Vermeide Interpretationen. ➜ Störungen haben Vorrang.
	Hinweis Bei der Vorstellung dieser Regeln sollte die Leitung die Schüler/Teilnehmer aufrufen, eigene Erfahrungsbeispiele zu benennen, um so eine klare Vorstellung zu bekommen, welche Bedeutung und Auswirkung die einzelnen Regeln auf ein Gespräch haben, z. B. durch folgende Fragen: ➜ „Was verstehst du unter einer Störung?" ➜ „Kannst du ein Beispiel aus deiner Erfahrung benennen?"
40 Minuten (25 Minuten)	**Regeln und Vereinbarungen festlegen** Zunächst sollen die Schüler/Teilnehmer zu zwei Fragen Aussagen auf zwei verschiedenfarbige Karteikarten aufschreiben: ➜ „Was muss in dieser Gruppe/diesem Kurs auf jeden Fall passieren?" ➜ „Was darf in dieser Gruppe/diesem Kurs auf keinen Fall passieren?" Die verschriftlichten Aussagen müssen den Rubriken „**Regel**" oder „**Vereinbarung**" zugeordnet werden. Die beide Begriffe werden wie folgt erklärt: **Regeln** haben folgende Eigenschaften: ➜ Jede Regel muss eine Konsensentscheidung der Gruppe sein. ➜ Bei Regelverstoß erfolgt eine Konsequenz, die zuvor festgelegt werden muss. ➜ Es muss vorher klar sein, wer die Konsequenz umsetzt. ➜ Stellt sich später heraus, dass eine Regel nicht mehr konsensfähig ist, wird sie zur Vereinbarung werden. **Vereinbarungen** haben folgende Eigenschaften: ➜ Für eine Vereinbarung reicht die einfache Mehrheit der Gruppe. ➜ Eine Vereinbarung beschreibt ein gewünschtes Verhalten innerhalb der Gruppe. ➜ Bei Verstoß gegen eine Vereinbarung tritt die Gesprächsregel „Störungen haben Vorrang" ein. Im Rahmen eines Gruppengesprächs muss dann eine Lösung gefunden werden, wie auf diesen Verstoß zu reagieren ist. ➜ Vereinbarungen sind veränderbar. Die Zuordnung findet an dem Flipchart statt, indem die Schüler/Teilnehmer die Karten bei der richtigen Rubrik anheften.
	Hinweis Es ist wichtig, den Teilnehmenden durch lebensnahe Beispiele die Notwendigkeit von Regeln und Vereinbarungen sowie deren Unterschiede verständlich zu machen. Dieses Vorgehen kann zeitaufwändig und dadurch anstrengend werden. Es erspart aber zu einem späteren Zeitpunkt verdeckte Machtkämpfe mit der Leitung und nimmt die Schüler/Teilnehmer in die Verantwortung, sich klar entscheiden zu müssen.
5 Minuten	**Blitzlicht (S. 81)** Die Leitung stellt die Frage: „Wo bin ich im Augenblick mit meinen Gedanken?"

Sitzung 2: Rahmenbedingungen und Kontraktsabschluss

Zeit	Inhaltlicher Ablauf
10 Minuten	**Einführung des Rituals „Große Freude, kleiner Ärger, stummer Fisch" (S. 60)** Die Kursleiter erläutern das Ritual (jeder Schüler/Teilnehmer schildert eine freudige oder ärgerliche Situation) und führen es zum ersten Mal mit den Schülern/Teilnehmern durch.
20 Minuten (15 Minuten) 20 Minuten (10 Minuten)	**Anwärmübung: „Porträt malen" (S. 61)** Diese Übung dient dazu, das jeweilige Gegenüber (bekannt oder unbekannt) genauer zu betrachten, kennenzulernen und gegebenenfalls Neues zu entdecken. Die Schüler/Teilnehmer sitzen in zwei Reihen mit dem Gesicht zueinander und zeichnen das Gegenüber als Porträt. Jeweils nach 30 Sekunden wird das Malen unterbrochen und die Schüler/Teilnehmer wechseln den Platz im Uhrzeigersinn. Das angefangene Bild verbleibt auf dem Platz und muss vom nächsten Aufrückenden fortgeführt werden usw. Die Bilder werden im Gruppenraum aufgehängt. **Fortführung der Erarbeitung von Regeln und Vereinbarungen aus der Sitzung 1** Die Ergebnisse werden auf eine Wandzeitung geschrieben und in jeder Sitzung sichtbar aufgehängt.
10 Minuten (5 Minuten)	**Pause**
10 Minuten 20 Minuten (15 Minuten)	**Konzentrationsübung: „Konzentration auf den Punkt" (S. 79)** Die Schüler/Teilnehmer sagen eine Zahlenreihe auf, z. B. von eins bis zehn, ohne dass zwei gleichzeitig eine Zahl nennen. Alternativ dazu kann auch die dynamischere Übung **„Zisch, Boing, Peng" (S. 79)** durchgeführt werden. **Gruppendynamische Übung: „Bootsübung" (S. 68)** Die Gruppenleitung legt der Schülergruppe bzw. den Teilnehmern ein gezeichnetes Segelschiff auf einem DIN-A2-Plakat vor und erläutert die einzelnen Funktionen (Ankerwache, Ausguck, Kombüse etc.) auf einem Schiff. Jeder Schüler/Teilnehmer soll nun für sich überlegen, welche Rolle bzw. Position er aktuell einnehmen will, damit das Schiff seetüchtig wird. Nacheinander benennen die Schüler/Teilnehmer ihre jeweilige Position auf dem Schiff und tragen sich namentlich an der jeweiligen Stelle ein (möglichst eine Zeichnung mit Namen und Rollenbeschreibung). Wenn dieser Vorgang abgeschlossen ist, geben die Schüler/Teilnehmer der Gruppenleitung eine Position auf dem Schiff. Die Gruppenleitung selbst trifft keine Entscheidung, sondern moderiert nur den Prozess. Abschließend erhält das Schiff von der Gruppe einen Namen. In Anschluss überprüft die Gruppe gemeinsam, ob das Schiff mit dieser Besatzung seetüchtig ist.

	 Abbildung: Autorenteam
	Hinweis Diese Übung kann in der Abschlusssitzung nochmals durchgeführt werden, dann aber mit der Frage: „Was hat sich an den Positionen verändert?"
15 Minuten	**Übung: „Soziometrische Reihe" (S. 68)** Die Schüler/Teilnehmer sollen sich auf einem imaginären Zahlenstrahl mit Wertungen von null bis zehn positionieren. Die Frage lautet: „Wie nah bzw. wie fern stehe ich jetzt zum sozialen Training (10 = sehr nahe; 0 = sehr weit weg)?" Nach der Zuordnung soll jeder Schüler/Teilnehmer seine Position begründen: „Ich stehe bei der Zahl X, weil …"
10 Minuten (5 Minuten)	**Einverständniserklärung zur Teilnahme am sozialen Training** Die Schüler/Teilnehmer bilden einen Kreis. Diejenigen, die am weiteren Training nicht teilnehmen wollen, treten nun einen Schritt zurück und verabschieden sich aus der Gruppe. Die verbleibenden Gruppenteilnehmer unterzeichnen die vorbereitete Einverständniserklärung (S. 87).
	Hinweis Mit diesem Vorgehen sind wesentliche Zielsetzungen sozialen Handelns verbunden: etwas aushandeln, entscheiden, eine Abmachung treffen, verlässlich sein, kooperieren, Konsequenzen tragen.
5 Minuten	**Blitzlicht (S. 81)** Die Gruppeleitung fragt nach einem Satz zum bislang Erlebten.

Sitzung 3: Vertrauen

<table>
<tr><th>Zeit</th><th>Inhaltlicher Ablauf</th></tr>
<tr><td>10 Minuten</td><td>Einstiegsritual „Große Freude, kleiner Ärger, stummer Fisch" (S. 60)
Bei Bedarf: aktuelle Befindlichkeit klären, Überhang aus der vorausgegangenen Sitzung bearbeiten</td></tr>
<tr><td>5 Minuten

25 Minuten
(15 Minuten)

15 Minuten
(10 Minuten)</td><td>Anwärmübung: „Ehrliche Begrüßung" (S. 62)
Alle Schüler/Teilnehmer gehen durch den Raum und wählen eine für sie angemessene Begrüßungsform der anderen Gruppenmitglieder (verbal und/oder nonverbal). Anschließend findet eine kurze Auswertung statt.

„Brainstorming" (S. 67) zum Thema „Vertrauen"
Die Schüler/Teilnehmer benennen spontan Begriffe, die ihnen zu dem Thema einfallen. Die Antworten werden von der Leitung auf einer Wandzeitung schriftlich festgehalten und in einem zweiten Schritt nach den Kriterien „Was fördert Vertrauen?", „Was verhindert Vertrauen?" und „sowohl als auch" geordnet.

Beispiel
<table>
<tr><th>Was fördert Vertrauen?</th><th>sowohl als auch</th><th>Was verhindert Vertrauen?</th></tr>
<tr><td>Verbindlichkeit</td><td>Bruch</td><td>Lüge</td></tr>
<tr><td>Zuneigung</td><td>Emotionen</td><td>Verletzen</td></tr>
<tr><td>Nähe</td><td>Wut</td><td>Missbrauch</td></tr>
<tr><td>...</td><td>...</td><td>...</td></tr>
</table>
Das Ergebnis wird nicht interpretiert, sondern unkommentiert stehen gelassen.

Vertrauensübung: „Fotoapparat" (S. 64)
Es werden Paare gebildet, die sich wechselseitig mit geschlossenen bzw. verbundenen Augen durch den Raum führen. Dabei macht der Geführte als „Fotoapparat" vom Führenden ausgesuchte „Fotos", indem er kurz seine Augen öffnet.

Auswertung der Übung
Die Paare der vorausgegangenen Übung tauschen sich über ihre persönlichen Erfahrungen mit dem Thema Vertrauen aus. Fragestellungen für das Paarinterview könnten sein:
➜ „Welche Erfahrungen habe ich bei der Übung als Geführter und als Führender gemacht?"
➜ „Zu welchen Menschen habe ich Vertrauen?"
➜ „Was brauche ich, um Vertrauen aufbauen zu können?"
➜ „Gibt es Situationen, in denen ich mehr Vertrauen habe?"
➜ „Haben Menschen schon mal mein Vertrauen missbraucht?"
➜ „Habe ich schon mal das Vertrauen anderer missbraucht?"

Es folgt eine kurze Auswertung im Plenum in Form von gegenseitiger Berichterstattung.</td></tr>
<tr><td>10 Minuten
(5 Minuten)</td><td>Pause</td></tr>
</table>

20 Minuten	**Themenorientiertes Arbeiten mit den Ergebnissen des Brainstormings zum Thema „Vertrauen"** Die Leitung stellt den Bezug zum vorausgegangenen Brainstorming her und fordert die Schüler/Teilnehmer auf, sich aus der Auflistung einen Begriff auszusuchen, der für sie persönlich der Wichtigste ist. Alternativ kann auch ein neuer Begriff benannt werden, der aktuell noch nicht mit dem Brainstorming erfasst wurde. Jeder Schüler/Teilnehmer schreibt seinen ausgewählten Begriff auf eine Karte, heftet ihn an eine Pinnwand, Tafel o. Ä. und erläutert kurz, ➜ warum er sich für diesen Begriff entschieden hat und ➜ welche Bedeutung dieser Begriff in Bezug auf das Thema „Vertrauen" für ihn hat.
30 Minuten (20 Minuten)	**Thematische Abschlussübung: „Vertrauenslinie" (S. 65)** Auf einer imaginären Linie quer durch den Raum mit den Endpunkten „viel" bzw. „wenig Vertrauen" ordnen sich die Schüler/Teilnehmer bezogen auf die aktuelle Gruppensituation ein und erläutern anschließend ihre Position mit den folgenden Sätzen: ➜ „Ich stehe hier, weil …" und ➜ „Um noch mehr Vertrauen zu bekommen, muss ich/brauche ich …".  Weitere **alternative Vertrauensübung** – je nach Einschätzung der Gruppensituation – können sich als Partner- und/oder Gruppenübung anschließen: ➜ „Vertrauenssprung" (S. 65) ➜ „Fallen lassen zu dritt" (S. 66) ➜ „Sich im Gruppenkreis fallen lassen" (S. 66)
5 Minuten	**Abschlussblitzlicht (S. 81)** Die Gruppenleitung fragt, wie es den Schülern/Teilnehmern am Ende dieser Sitzungseinheit geht.

Sitzung 4: Erlebnispädagogische Maßnahme

Zeit	Inhaltlicher Ablauf
10 Minuten	**Begrüßungsritual „Große Freude, kleiner Ärger, stummer Fisch" (S. 60)** Bei Bedarf: Bekanntmachen der Schüler/Teilnehmer mit dem externen Trainer
10 Minuten	**Erlebnispädagogische Maßnahme** **Beispiel: Hochseilgarten/Kletterhalle**  © Horst Schmidt – stock.adobe.com
15 Minuten	Der Trainer erläutert die Anordnungen, die beim Begehen des Hochseilgarten/der Kletterwand unbedingt eingehalten werden müssen: ➜ Regelkunde ➜ Knotentechnik ➜ …
90 bis 180 Minuten	Alle Schüler/Teilnehmer ziehen unter Kontrolle des Trainers die Kletterausrüstung an und erlernen die richtige Knotentechnik, führen, sichern und folgen. Die Besteigung und Begehung des Hochseilgartens/der Kletterwand sollte nur unter Anleitung eines Trainers erfolgen.
5 Minuten	**„Abschlussrunde mit Ich-Botschaften" (S. 82)** „Das Wichtigste an der heutigen Gruppenveranstaltung war für mich …" **Alternative: „Ampelcheck" (S. 81)**

Sitzung 5: Teamfähigkeit

Zeit	Inhaltlicher Ablauf
10 Minuten	**Einstiegsritual „Große Freude, kleiner Ärger, stummer Fisch" (S. 60)**
15 Minuten (10 Minuten)	**Rückblick auf die erlebnispädagogische Maßnahme** Im Plenum werden Themen wie „Angst", „Vertrauen", „Zuverlässigkeit", „Sicherheit" etc. besprochen. **Beispielfragen** ➜ „An welcher Stelle im Kletterparcours hatte ich Angst, Vertrauen, Zuverlässigkeit, Sicherheit ...?" ➜ „Wie hat sich dies bemerkbar gemacht?" ➜ „Wie habe ich diese Situation(en) überstanden?"
30 Minuten (20 Minuten)	**„Schneeballübung" (S. 69): „Was ist ein Team?"** Jeder Schüler/Teilnehmer erhält drei Karten und schreibt in **Einzelarbeit** auf jede Karte eine Assoziation zu der Aufgabe: „Benenne drei Merkmale, die ein Team ausmachen!" In **Paargruppen, 4er-Gruppen und 8er-Gruppen** stellen die Schüler/Teilnehmer sich nun gegenseitig ihre Begriffe zum Thema „Team" vor und einigen sich jeweils auf drei gemeinsame Begriffe zum Thema. Die drei Begriffe jeder Gruppe werden abschließend im Raum für alle **visualisiert** (Tafel, Pinnwand o. Ä.). Die Gruppe verdeutlicht, warum sie sich auf diese drei Begriffe verständigt hat. Bei Bedarf **ergänzt** die Gruppenleitung wichtige Merkmale, die ein Team ausmachen. **Alternative bei kleineren Gruppen** Bearbeitung der Fragestellung in der Gesamtgruppe (z. B. mithilfe eines Brainstormings, S. 67).
10 Minuten (5 Minuten)	**Pause**
10 Minuten	**Kooperationsübung „Spinnennetz" (S. 70)** Aufgabe der gesamten Gruppe ist es, alle Gruppenmitglieder so durch die einzelnen Felder eines Spinnennetzes aus Fäden zu transportieren (klettern, schieben, tragen, heben etc.), dass diese das Netz nicht berühren. **Hinweis** Diese klassische Kooperationsübung ist nur im Zusammenspiel aller lösbar und passt daher besonders gut zum Stundenthema.
10 Minuten (5 Minuten)	Im Anschluss an die Übung findet eine **Auswertung in der Gruppe** statt. Auswertungsfragen können sein: ➜ „Wie wurde die Aufgabe gelöst?" ➜ „Gab es einen Plan?" ➜ „Habt ihr euch als Team empfunden?"

	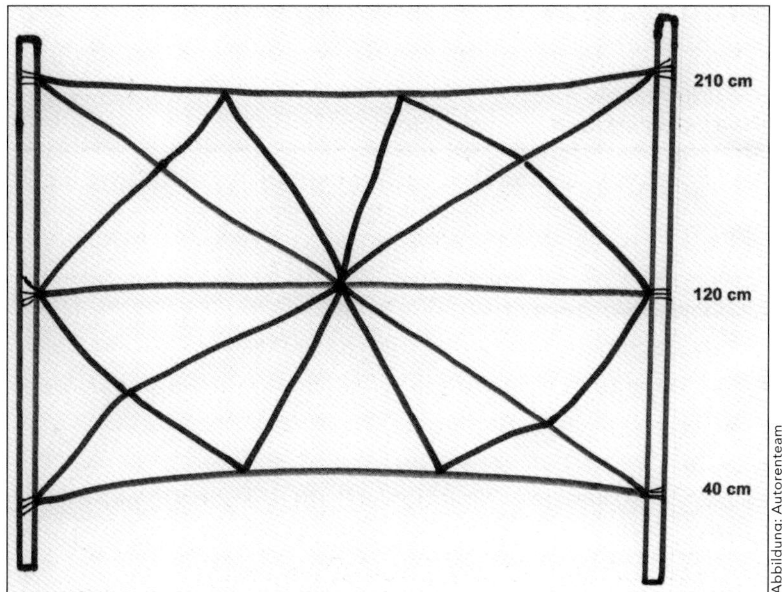 Abbildung: Autorenteam Zum Abschluss gibt die Leitung **Rückmeldung** an die Schüler/Teilnehmer zur Durchführung der Übung (Wie hat die Zusammenarbeit von außen gewirkt? Was ist bei der Durchführung der Übung besonders aufgefallen?).
5 Minuten	Es schließt sich eine **Reflexion der Arbeitseinheit** an. Dazu werden folgende Fragestellungen aufgeworfen und in der Gruppe diskutiert: ➜ „Konntest du dich gut auf Kompromisse einlassen?" ➜ „Konntest du von den Meinungen der anderen profitieren?" ➜ „Gab es eine Stelle, an der du keinen Kompromiss eingehen wolltest?" ➜ „Warst du der Ansicht, dass ihr als Team gearbeitet habt?"
15 Minuten	**Weitere Kooperationsübung: „Turmbau" (S. 69)** Diese Übung baut auf die vorherige auf und erfordert Teamverständnis und Kreativität. Die Schüler/Teilnehmer werden in 3er-oder 4er-Gruppen aufgeteilt und bekommen die Aufgabe, in einer bestimmten Zeit einen Turm aus den zur Verfügung gestellten Materialien zu bauen. Ziel der Übung ist es, den höchsten Turm zu bauen, der mindestens eine Minute frei stehen kann. Ist die vorgegebene Zeit abgelaufen, zeigen die Gruppen ihre Ergebnisse vor und die Leitung bestimmt den Sieger.
10 Minuten (5 Minuten)	Zur **Reflexion der Übung** bieten sich folgende Fragestellungen an, die in der Gruppe besprochen werden: ➜ „Hat deine Gruppe die Übung erfolgreich beendet?" ➜ „Hat die Zusammenarbeit gut funktioniert?" ➜ „Habt ihr in eurer Gruppe Aufgaben untereinander aufgeteilt?" ➜ „Welche Funktion hast du bei der Übung eingenommen (Ideengeber, Handwerker, Zuschauer, Kritiker etc.) und wie hast du dich dabei gefühlt?" Als weitere oder alternative Kooperationsübungen können sich „Wende das Blatt!" (S. 71) oder „Zollstockübung" (S. 71) anschließen.
5 Minuten	**Abschlussblitzlicht (S. 81)** Die Gruppenleitung fragt, wie es den Schülern/Teilnehmern am Ende dieser Sitzungseinheit geht.

Sitzung 6: Kommunikation und Gefühle

Zeit	Inhaltlicher Ablauf
10 Minuten	**Begrüßungsritual „Große Freude, kleiner Ärger, stummer Fisch" (S. 60)** Alternativ: Eingehen auf aktuelle Befindlichkeit, Überhang aus der vorausgegangenen Sitzung aufarbeiten
15 Minuten 30 Minuten (20 Minuten)	**Einstiegsübung: Das Brötchenspiel (S. 72)** Die Gruppenleitung nimmt die Rolle eines Außerirdischen ein, dem die Schüler/Teilnehmer nun so genau wie möglich erklären müssen, wie er ein Brötchen essen kann. **Themenorientiertes Arbeiten: Zusammenwirken von Gefühlen und Kommunikation** Die Gruppenleitung stellt die Strukturen verbaler Kommunikation in vier Schritten vor: 1. **Einführung und Erläuterung** der drei ICH-Zustände (Eltern-ICH, Erwachsenen-ICH, Kind-ICH) nach der Transaktionsanalyse (siehe S. 17). Auf einem Flipchart werden dazu die drei ICH-Zustände ohne die entsprechenden Eigenschaften aufgezeichnet. **Eltern-ICH** **Erwachsenen-ICH** **Kind-ICH** 2. **Beispielhaftes Darstellen** der einzelnen ICH-Zustände durch vorbereitete Videoclips. 3. **Erläuterndes Gruppengespräch** zum Erkennen der einzelnen ICH-Zustände anhand der Videoclips. 4. Die Schüler/Teilnehmer **benennen** nun zu den einzelnen ICH-Zuständen („Eltern-ICH" und „Kind-ICH") **Eigenschaften** und ordnen diese den Kategorien „positiv" oder „negativ" zu. Das Erwachsenenverhalten wird dabei nicht in positiv und negativ unterschieden, weil es eindeutige Eigenschaften umfasst, wie „reflektiert", „vernünftig", „tolerant" etc.

	Beispiel **positiv** / **negativ** **Eltern-ICH** – positiv: *liebevoll, fürsorglich, verstehend, fördernd* – negativ: *autoritär, bestimmend, strafend, klein machend* **Erwachsenen-ICH** *tolerant, reflektiert, vernünftig* **Kind-ICH** – positiv: *kreativ, humorvoll, offen, hilfsbereit* – negativ: *aggressiv, egoistisch, bockig, trotzig*
10 Minuten (5 Minuten)	**Pause**

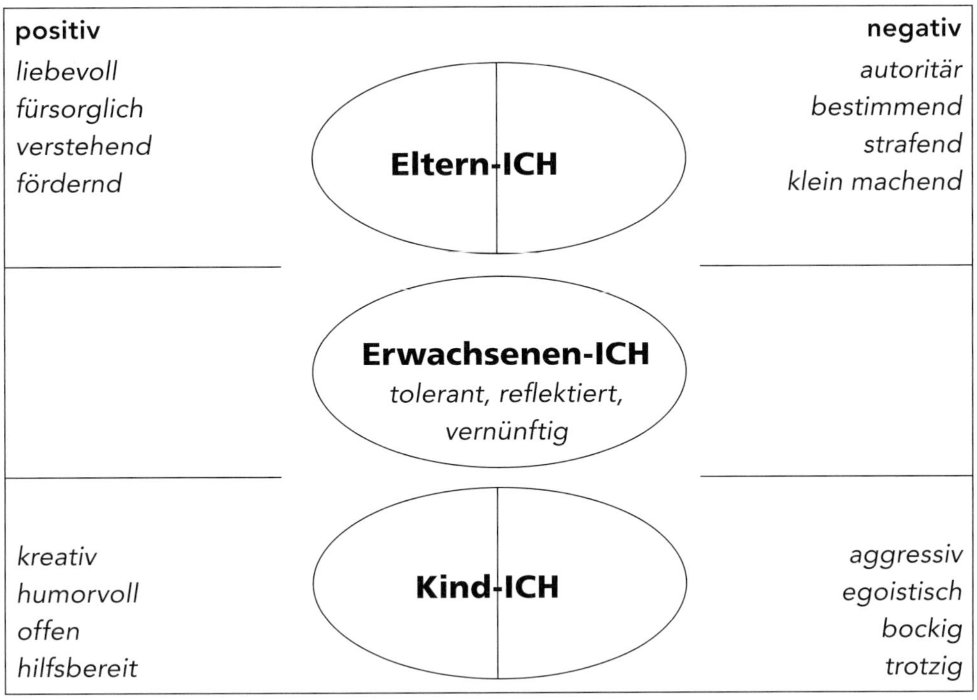

50 Minuten (35 Minuten)	**Szenisches Spiel bzw. psychodramatische Vignette** Die Schüler/Teilnehmer sollen durch eigene Beispiele die verschiedenen ICH-Zustände erfahren und ausprobieren. **Beispiel** Eine Schülerin berichtet von einer Situation in der Schule. Sie wurde aufgefordert, ihre Hausarbeiten vorzulesen. Sie hat die Hausaufgaben aber nicht gemacht, sagt das der Lehrkraft und betont, dass sie sowieso keine Hausaufgaben mehr machen wird. In der weiteren Diskussion eskaliert die Situation. Daraufhin fordert die Lehrkraft die Schülerin auf, sich bei der Direktorin zu melden. **Durchführung des szenischen Spiels** Nun wird nach folgenden Schritten vorgegangen: 1. Der Schüler/Teilnehmer (**Protagonist**), der seine persönliche Situation darstellen will, **sucht sich seine Rollenmitspieler** (hier: Lehrkraft, Mitschüler, ggf. einen Vertreter für sich selbst) aus dem Kreis der Gruppenmitglieder aus und gibt ihnen Regieanweisungen, wie und was sie zu spielen haben. 2. Wenn die **Szene** komplett ist, wird sie **einmal oder mehrfach durchgespielt**, um die ICH-Position des Protagonisten deutlich werden zu lassen. Dabei übernimmt der Protagonist zuerst seine Rolle und spielt sein Verhalten und sein Empfinden mit den anderen Rollenmitspielern durch. 3. Bei Bedarf kann er sich sein **Verhalten von außen anschauen**, indem sein Vertreter in seine Rolle schlüpft und die Situation durchspielt. So hat der Protagonist die Möglichkeit, die Handlung von außen zu kommentieren und zu reflektieren. 4. Ggf. bekommt der Protagonist die Möglichkeit, seine **ICH-Position im Spiel zu verändern**, um so Unterschiede im Verlauf selbst zu erleben. 5. Zum Abschluss gibt es von den Mitspielern in der Gruppenrunde ein **Rollenfeedback** und für die restlichen Gruppenmitglieder die Möglichkeit eines Sharings an den Protagonisten.
	Hinweis Im Sharing werden von den Schülern/Teilnehmern Gefühle und Gedanken geäußert, die durch den Prozess der Identifikation „hochgekommen" sind (Was kenne ich davon aus meinem eigenen Leben und was teile ich mit dir?). Wichtig: Die Äußerungen sollen nicht das Spiel kommentieren oder als Ratschläge an den Protagonisten formuliert werden.
	Weitere szenische Darstellungen anderer Schüler/Teilnehmer nach dem gleichen Muster sind möglich.
	Hinweis Durch diese Übung soll verdeutlicht werden, dass zum einen Kommunikation eine komplizierte Sache ist und zum anderen Gefühle wesentlichen Einfluss auf die Form, Art und Inhalt der jeweiligen Äußerungen haben.

50 Minuten (35 Minuten)	**Alternative: Rollenspiel „Nicht eingehaltene Vereinbarung"** **Beispiel** Person A wartet an der Straße auf einen Freund, der mit ihr vereinbart hat, sie um 20:00 Uhr dort abzuholen, damit man gemeinsam in die Disko fahren kann. Der Fahrer kommt 15 Minuten zu spät. **1. Szene – beide Personen bleiben auf der Sachebene** Der Fahrer kommt verspätet. Er ruft aus dem Auto: „Komm, steig ein." Der Wartende sagt: „Alles klar." **2. Szene – beide Personen begeben sich auf die Gefühlsebene** Der Wartende wird im Zeitraffer vom Leiter in Bezug auf die Tatsache, dass der Freund nicht pünktlich kommt, zu seinen Gefühlen befragt: „Was geht in dir vor? Was empfindest du?" ➜ „Du wartest jetzt schon 5 Minuten ..." ➜ „Jetzt stehst du schon 10 Minuten auf der Straße ..." ➜ „Du wartest jetzt schon 15 Minuten ..." Der Wartende beschreibt das jeweilige Gefühl und formuliert dazu einen Satz. Er behält den zuletzt formulierten Satz, dieser dient als Einstiegssatz für das Treffen mit dem Fahrer. Der Fahrer wird danach durch den Leiter in der gleichen Weise befragt wie zuvor der Wartende. „Was geht in dir vor? Was empfindest du?" ➜ „Du bist jetzt schon 5 Minuten zu spät ..." ➜ „Jetzt bist du schon 10 Minuten in Verzug ..." ➜ „Jetzt sind es schon 15 Minuten über die vereinbarte Zeit ..." Der Fahrer beschreibt ebenfalls das jeweilige Gefühl und formuliert dazu einen Satz. Er behält den zuletzt formulierten Satz, dieser dient als Einstiegssatz für das Treffen mit dem Fahrer. Beide Parteien treffen aufeinander und sagen ihre Sätze aus der aktuellen Gemütsverfassung heraus. Danach erfolgt eine **Auswertung in der Gruppe** mit Fragen, wie z. B.: ➜ „Wie ist es dir in der Rolle ergangen?" (Rollenfeedback) ➜ „In welchen ICH-Zuständen haben die beiden Freunde agiert?" ➜ „Gab es Unterschiede im Verhalten?" ➜ „Gibt es Möglichkeiten der Veränderung?" Daraufhin besteht die Möglichkeit der Wiederholung des Spiels mit der Vorgabe an die beiden Mitspieler, die jeweilige Rolle in einen anderen ICH-Zustand umzusetzen. **Weitere szenische Darstellungen** anderer Situationen nach dem gleichen Muster sind möglich.
	Hinweis Durch diese Übung soll verdeutlicht werden, dass zum einen Kommunikation eine komplizierte Sache ist und zum anderen Gefühle wesentlichen Einfluss auf die Form, Art und Inhalt von Äußerungen haben.
5 Minuten	**Abschlussrunde mit Ich-Botschaften (S. 82)** „Das Wichtigste an der heutigen Gruppensitzung war für mich ..."

Sitzung 7: Körpersprache

Zeit	Inhaltlicher Ablauf
10 Minuten	**Einstiegsritual „Große Freude, kleiner Ärger, stummer Fisch" (S. 60)** Alternative: Ausspracherunde zur aktuellen Befindlichkeit
10 Minuten	**Übung: „Begrüßung ohne Worte" (S. 62)** Alle Schüler/Teilnehmer gehen durch den Raum. Auf ein Zeichen der Leitung hin begrüßen sich alle Gruppenteilnehmer ohne Worte. Abschließend wird die Übung mit folgenden Fragen reflektiert: ➜ „Hast du alle Mitspieler gleich begrüßt?" ➜ „Wenn nein, warum nicht?"
15 Minuten (10 Minuten)	**„Brainstorming" (S. 67) zum Thema Körpersprache** Die Leitung fordert die Schüler/Teilnehmer auf, spontan **Begriffe zu benennen**, die ihnen zu den folgenden Fragestellungen einfallen: ➜ „Was versteht ihr unter Körpersprache?" ➜ „Was wird durch Körpersprache ausgedrückt?" Die Leitung schreibt die Begriffe entweder auf ein Flipchart oder sie **sammelt** diese auf Karteikarten und lässt die Schüler/Teilnehmer diese clustern. Sie werden anschließend diskutiert und bei Bedarf durch die Gruppenleitung ergänzt.  Abbildung: Autorenteam
	Hinweis Halten Sie die Ergebnisse fest, indem Sie z. B. den Flipchart, die Pinnwand oder Tafel mit den geclusterten Beiträgen fotografieren.
15 Minuten	**Übung: „Was sagt diese Körperhaltung aus?" (S. 73)** Acht Fotos (Kopiervorlagen S. 88/89), auf denen eine junge Frau verschiedene Körperhaltungen und Gesichtsausdrücke darstellt, werden verdeckt auf den Boden gelegt. Ein Kursleiter nimmt ein Foto auf, zeigt es den Schülern/Teilnehmern und fordert sie auf, die gezeigte **Körperhaltung einzunehmen** und zu benennen, was diese Haltung für ein Gefühl in ihnen erzeugt. Die Schüler/Teilnehmer **vergleichen** dann die auf dem Foto dargestellte Körperhaltung (fröhlich, wütend, skeptisch etc.) mit den eigenen Empfindungen. Abschließend erfolgt die **Auflösung** durch die Gruppenleitung. Danach **wiederholt sich die Übung** mit weiteren Fotos.

<table>
<tr><td>10 Minuten
(5 Minuten)</td><td>Pause</td></tr>
<tr><td>10 Minuten</td><td>Themenorientiertes Arbeiten: Darstellung und Interpretation von Körpersprache
Die Gruppenleitung stellt den Wahrnehmungsprozess theoretisch vor. Es soll deutlich werden, dass jeder Mensch einen eigenen Filter in der Wahrnehmung hat, wodurch die Körpersprache von den Beteiligten unterschiedlich interpretiert werden kann.
Das folgende Schema kann zur Verdeutlichung visualisiert werden (Tafel, Flipchart o. Ä.)

A
Worte, Gesten, Geschehnisse, Geräusche und Gerüche strömen auf dich ein.
Du nimmst sie mit all deinen Sinnen wahr.

B
Diese Informationen laufen über deine persönliche „Festplatte", die gefüllt ist mit …
→ deiner aktuellen Befindlichkeit (Tagesform),
→ deinen persönlichen Erfahrungen und Bewertungen,
→ deinem eigenen Wissen,
→ den Einflüssen anderer (Bezugs-)Personen,
→ Erziehung sowie
→ Gefühlen.

Das Ergebnis des Zusammentreffens von A und B ergibt deine Reaktion nach außen!

Deine Reaktion trifft mit der Realität zusammen!

Wie wird deine Reaktion aussehen?</td></tr>
</table>

20 Minuten
(15 Minuten)

Themenspezifische Übung: Ratespiel „Körpersprache deuten" (S. 73)
Ziel der Übung ist die **Vermittlung eines bewussten und kritischen Umgangs mit Gesten.**
Im Spiel geht es um das Nachempfinden und Interpretieren von Körperhaltungen. Dazu sollen die Schüler/Teilnehmer **Gefühle oder Stimmungen**, die auf einer Karte stehen, **nonverbal darstellen.**

Beispiel
Denkbare Umsetzung zum Gefühl Wut:
➜ geballte Fäuste
➜ mit den Füßen auf die Erde stampfen
➜ grimmig verzerrtes Gesicht ziehen

Die anderen Gruppenmitglieder schauen sich die Darstellung an, übernehmen dann die dargestellte Haltung, **fühlen sich in die Haltung ein** und **interpretieren**, welches Gefühl sie damit verbinden.

Bei der **Auflösung** werden Wahrnehmungsunterschiede deutlich: Oft stellen die Schüler/Teilnehmer nicht dasselbe dar.
Die Schüler/Teilnehmer **diskutieren** die unterschiedlichen Bewertungen.

15 Minuten

Themenorientiertes Arbeiten: Wirkung nonverbaler Gesten

Die Leitung fordert die Schüler/Teilnehmer auf, beliebte und bekannte **Gesten zu zeigen** und deren **Bedeutung** am Flipchart zu sammeln.

Beispiele
Stinkefinger → „Fuck you!"
Daumen hoch → „Super!"
Kreis aus Daumen und Zeigefinger → „Arschloch!"

Die Gesten werden dann in Hinsicht auf **Vieldeutigkeit diskutiert.**

Beispiel

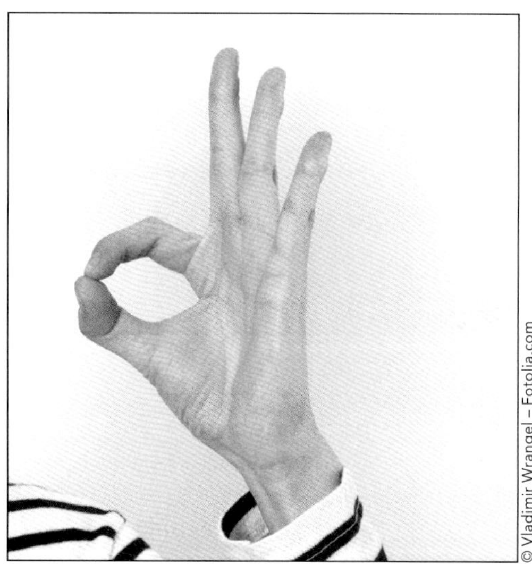
© Vladimir Wrangel – Fotolia.com

© Vladimir Wrangel – Fotolia.com

	Ein aus Daumen und Zeigefinger gebildeter Kreis kann unterschiedliche Bedeutungen in unterschiedlichen Kulturen und Ländern haben: ➜ „Arschloch!" ➜ „Top! Gut gemacht!" ➜ „Alles in Ordnung" (beim Tauchen) Diese Gesten – unterschiedlich interpretiert – können deshalb überraschende Reaktionen beim Gegenüber auslösen, z. B.: ➜ Unverständnis ➜ andere Gesten ➜ Gewalt
15 Minuten (10 Minuten)	**Abschluss: „Fünf-Finger-Übung" (S. 82)** Jeder Schüler/Teilnehmer äußert sich entlang seiner Finger zur vergangenen Sitzung: ➜ 1. Daumen: Was war gut? ➜ 2. Zeigefinger: Worauf muss beim nächsten Mal geachtet werden? ➜ 3. Mittelfinger: Was war nicht gut? ➜ 4. Ringfinger: Was wünsche ich mir hier mehr? ➜ 5. kleiner Finger: Was ist heute zu kurz gekommen?

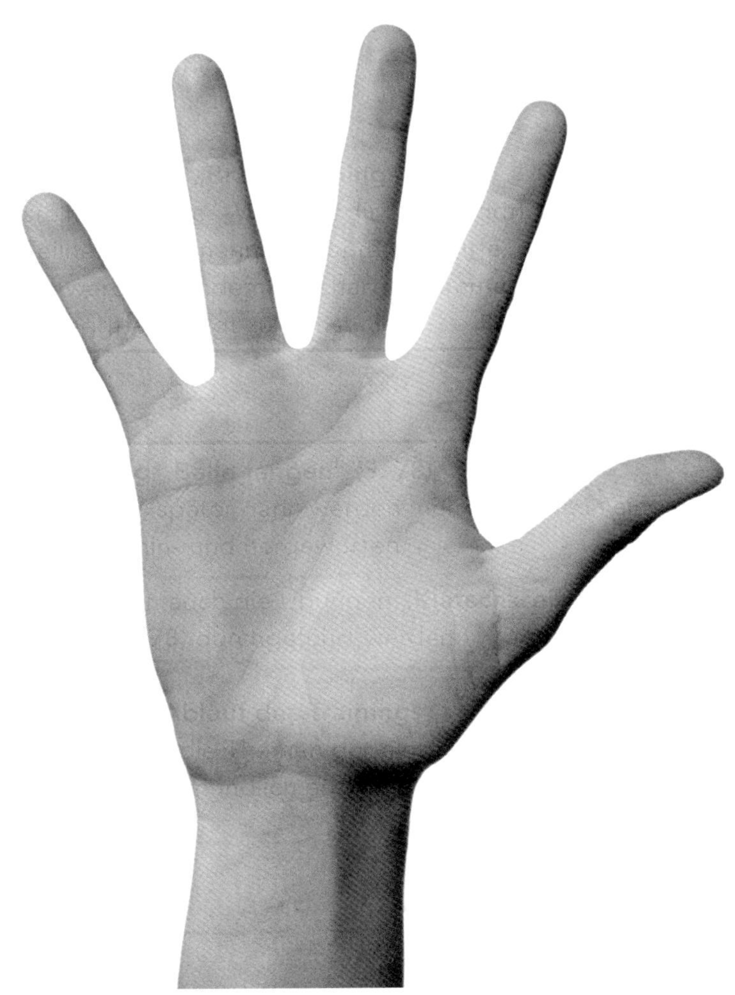

© dkimages – stock.adobe.com

Sitzung 8: Rollenverhalten

Zeit	Inhaltlicher Ablauf
10 Minuten	**Einstiegsritual „Große Freude, kleiner Ärger, stummer Fisch" (S. 60)**
10 Minuten (5 Minuten)	**Anwärmübung: „Ritter, Drache, Feigling" (S. 63)** Zwei Mannschaften müssen sich auf ein Zeichen der Leitung hin für eine der drei Figuren entscheiden und diese darstellen. Analog zum bekannten „Papier, Schere, Stein" wird dann ausgewertet, welche Gruppe überlegen ist. Ziel des Spiels ist es aber vor allem, Spaß dabei zu haben, sich in Rollen zu bewegen.  Abbildung: Bettina Weyland
10 Minuten (5 Minuten)	**„Brainstorming" (S. 67): „In welchen Rollen bewege ich mich?"** Die Schüler/Teilnehmer schreiben auf, in welchen Rollen sie sich in ihrem aktuellen Leben bewegen (z. B. als Schüler, Tochter, Sohn, Kunde, Praktikant …). Danach erstellen sie eine Rangfolge dieser unterschiedlichen Rollen nach ihrem Beliebtheitsgrad.
20 Minuten (15 Minuten)	In der **Auswertung präsentiert** jeder Schüler/Teilnehmer seine Ergebnisse und erläutert, in welcher Rolle er sich am wohlsten und/oder unwohlsten gefühlt hat und warum.
10 Minuten (5 Minuten)	**Pause**
20 Minuten (15 Minuten)	**Übung: „Erleben in verschiedenen Rollen"[5] (S. 74)** In dieser Übung soll deutlich werden, dass die Schüler/Teilnehmer **gleiche Rollen unterschiedlich wahrnehmen**. Sie lernen, dass man sich **in gleichen Situationen unterschiedlich verhalten** kann. Die Gruppe sitzt im Stuhlkreis. Die Leitung bestimmt zwei Schüler/Teilnehmer, die nebeneinander sitzen. Die beiden Gruppenteilnehmer ziehen eine Rollenkarte bzw. Situationskarte (Kopiervorlagen S. 91/92) und setzen die Rollen- und Situationsanleitung in einer **Spielsequenz** um. Dies wird mit anderen Paarungen so lange weitergeführt, bis alle Schüler/Teilnehmer jeweils in der eigenen und der fremden Rolle auf eine vorgegebene Situation reagiert haben.

<table>
<tr><td>10 Minuten
(5 Minuten)</td><td>Abschließend geben die Gruppenmitglieder eine kurze Rückmeldung im Plenum zu den Erfahrungen mit der Übung. Die Auswertung findet mithilfe der folgenden Fragen im Plenum statt:
➜ „Gab es Unterschiede bei den einzelnen Gesprächspartnern?"
➜ „Mit welchen Kommunikationspartnern war der Umgang leicht und mit welchen schwieriger?"
➜ „Kennt ihr Situationen, in denen man sich anders verhält als gewöhnlich?"</td></tr>
<tr><td></td><td>Hinweis
Die Leiter können ggf. eine erste Szene exemplarisch vorspielen.</td></tr>
<tr><td>15 Minuten</td><td>Übung: „Angemessenes Verhalten" (S. 74)
Die Schüler/Teilnehmer erfahren in dieser Übung, wie man sich in verschiedenen Situationen verhalten kann, um sein Ziel zu erreichen.

In 3er-Gruppen ordnen die Schüler vorgegebenen Situationskarten (Kopiervorlagen S. 92–94) passende Verhaltenskarten zu.

Beispiel
Situationskarten → Verhaltenskarten
➜ Vorstellungsgespräch → Ich bin ordentlich gekleidet.
→ Ich sitze aufrecht.
→ Ich trage ein Hemd.
➜ Klassenkonferenz nach Konflikt → …

Aufgabe für die Schüler/Teilnehmer ist es nun, sich in der jeweiligen Situation gemäß der gewählten Verhaltenskarten darzustellen. Zwei Gruppenteilnehmer spielen die Situation vor, die nicht an der Kommunikation beteiligte Person übernimmt die Rolle des Beobachters.

Hinweis
Die Rollenspiele sollen nicht länger als 60 Sekunden dauern. Danach wechseln die Beteiligten die Rollen, sodass innerhalb von fünf Minuten jedes Mitglied der Kleingruppe jede Rolle einmal ausgefüllt hat.</td></tr>
<tr><td>10 Minuten</td><td>Jede Gruppe stellt ihre Ergebnisse im Plenum vor. Sie werden unter Zuhilfenahme folgender Fragestellungen ausgewertet:
➜ „Gab es Situationen, in denen ihr das Gefühl hattet, dass ihr euch angemessen verhalten habt? Wenn ja, welche?"
➜ „Gab es in eurem Leben Situationen, in denen ihr der Meinung wart, dass ihr euch nicht angemessen verhalten habt? Wenn ja, welche?"
➜ „Glaubt ihr, dass es besser ist, wenn man sich in manchen Situationen angemessen verhält? Und wenn ja, warum?"
➜ „Habt ihr dabei das Ziel, welches ihr verfolgt habt, durch euer Verhalten schneller erreicht?"</td></tr>
<tr><td>5 Minuten</td><td>Abschlussblitzlicht (S. 81)
Die Leitung fragt: „Was nehme ich heute an Erfahrungen mit?"</td></tr>
</table>

Sitzung 9: Umgang mit Konflikten

Zeit	Inhaltlicher Ablauf
10 Minuten	**Einstiegsritual „Große Freude, kleiner Ärger, stummer Fisch" (S. 60)**
10 Minuten (5 Minuten)	**Anwärmübung: „Alle, die …" (S. 75)** Bei dieser Übung wird sichtbar, welche Erfahrungen der Einzelne/die Gruppe mit dem Thema „Konflikte" gemacht hat. Die Gruppe sitzt im Kreis. Die Leiter lassen die Teilnehmer z. B. zu folgenden Aussagen aufstehen: Alle die sollen aufstehen, die … ➜ glauben, dass Konflikte wichtig im Zusammenleben sind. ➜ schon einmal Gewalt ausgeübt haben. ➜ schon einmal Gewalt erfahren haben. ➜ schon einmal eine Konsequenz durch die Ausübung von Gewalt erfahren haben. ➜ schon einmal gelogen haben. ➜ schon einmal gemobbt wurden. ➜ schon einmal einen Streit geschlichtet haben.
	Hinweis Die Aussagen bei dieser Übung sollten der Gruppe angepasst werden. Gehen Sie sensibel mit dem Thema um und akzeptieren Sie, wenn ein Schüler/Teilnehmer seine Erfahrungen nicht offen teilen möchte.
10 Minuten	**„Brainstorming" (S. 67) zum Thema „Konflikte"** Die Leitung fordert die Schüler/Teilnehmer auf, ihre Assoziationen zum Begriff „Konflikte" zu formulieren.
15 Minuten (10 Minuten)	**Themenorientiertes Arbeiten: Konfliktdarstellung im Rahmen des Eisbergmodells** Die Schüler/Teilnehmer sollen sich die sichtbaren und verdeckten Anteile eines Konfliktes bewusst machen. Die Leitung **präsentiert und erläutert** ein unbeschriftetes „Eisbergmodell" (siehe Kopiervorlage S. 95) am Flipchart: ➜ $^{1}/_{3}$ des Eisberges ragt aus dem Wasser, ➜ $^{2}/_{3}$ befinden sich unterhalb der Wasserlinie.

	Die Schüler/Teilnehmer sollen in einem ersten Schritt **Dinge/Begriffe/Verhaltensweisen benennen**, die bei einem Konflikt deutlich sichtbar sind (laute Stimme, Tränen, Wunden etc.). Dazu können sie die beim Brainstorming gefundenen Begriffe verwenden und durch zusätzlich neue ergänzen. Die Leitung trägt die genannten Begriffe in den sichtbaren Teil des Eisbergs ein. In einem zweiten Schritt werden nun die **Begriffe genannt**, die im Konfliktfall **unsichtbar** bleiben (verschmähte Liebe, Eifersucht, Verrat, Ungerechtigkeit, Krankheit etc.). Die Leitung trägt die Konfliktanteile in den unsichtbaren Teil des Modells ein. Als Ergebnis wird deutlich, dass **ein Konflikt immer sichtbare und verdeckte Anteile hat** und dass die Ursachen für den Konflikt tiefer liegen als in der aktuellen Ausgangssituation. **Vertiefung: Geschichte von der Zankapfelsine** Die Leitung erklärt den Schülern/Teilnehmern: „Um einen Konflikt konstruktiv zu bewältigen, muss ein Teil des Verborgenen an die Oberfläche geholt werden. Anhand der Geschichte der Zankapfelsine soll veranschaulicht werden, welche verdeckten Anteile für die Lösung des Konfliktes in diesem Fall wichtig gewesen wären." Die Leitung liest die **Geschichte von der Zankapfelsine** vor: *Die Schwestern Ebru und Fatima streiten um eine Apfelsine. Es gibt nur diese eine. Beide greifen danach. Sie werden immer wütender und keine will nachgeben. Schließlich liegt die Apfelsine zerquetscht auf dem Boden.* *Ebru: „Was wolltest du mit der Apfelsine?"* *Fatima: „Ich wollte sie auspressen und den Saft trinken. Und du?"* *Ebru: „Ich wollte für Mamis Geburtstag morgen einen Kuchen backen. Und dafür hätte ich die abgeriebene Schale gebraucht."* Die Geschichte wird in der Gruppe unter folgenden Aspekten **diskutiert**: ➜ Der Konflikt entsteht, weil die beiden Schwestern ihre Ziele voreinander verbergen. ➜ Offen und deutlich sichtbar ist hier das Interesse der Schwestern an der Apfelsine. ➜ Verborgen und unsichtbar bleiben die Ziele und die Hoffnungen der beiden. ➜ Wenn beide darüber gesprochen hätten, wozu sie die Apfelsine nutzen wollten, hätten sie die Apfelsine entsprechend aufgeteilt und wären beide zu ihrem Ziel gekommen.
10 Minuten (5 Minuten)	**Pause**
25 Minuten (15 Minuten)	**Themenorientiertes Arbeiten: Konfliktlösungsstrategien**[6] Den Schülern/Teilnehmern werden vier Konfliktlösungsstrategien vorgestellt. Ziel ist es, sich die eigenen **Konfliktlösungsstrategien bewusst zu machen**.

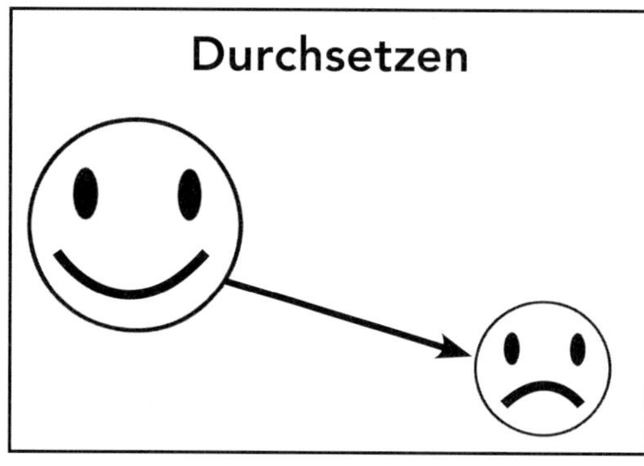

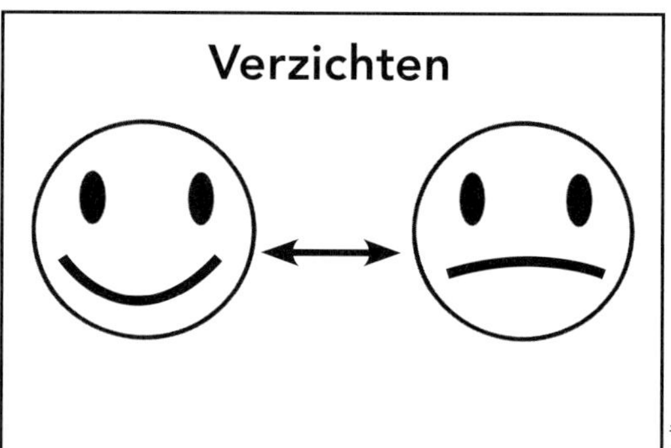

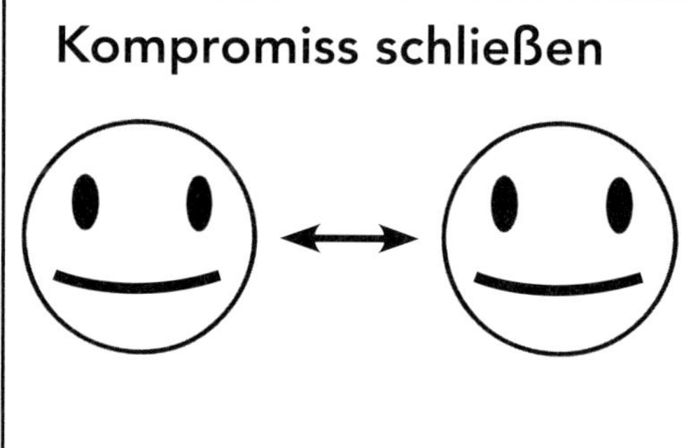

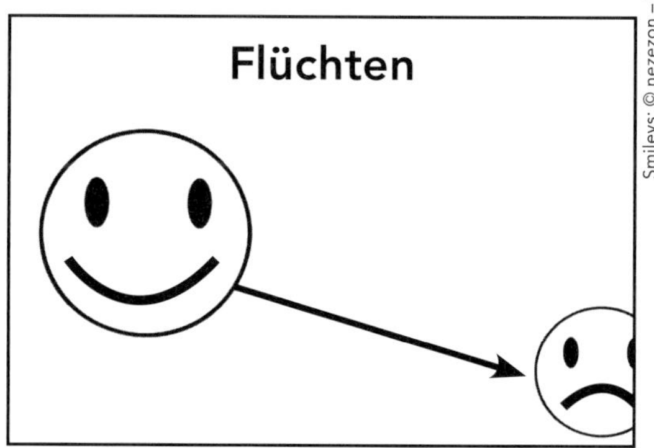

Die Kopiervorlagen (S. 96–99) zu den vier Konfliktlösungsstrategien „Durchsetzen", „Verzichten", „Kompromiss schließen" und „Flüchten" werden in der Mitte gefaltet, sodass nur die oben abgebildeten Grafiken zu sehen sind. Der erläuternde Text verschwindet auf der Rückseite, damit er für die Schüler/Teilnehmer zunächst nicht sichtbar ist.
Die **vier Strategien** werden auf die **vier Raumecken** verteilt. Die Schüler/Teilnehmer begeben sich – möglichst als Gesamtgruppe – in eine Konfliktlösungsstrategieecke und **fühlen sich in dieses Verhalten ein**.
Nach einigen Minuten wechseln sie zu den nachfolgenden Strategien.
Nun fordert die Leitung sie auf, sich der **Ecke zuzuordnen**, die ihrer vorrangigen Konfliktlösungsstrategie entspricht.

Anschließend müssen die Schüler/Teilnehmer ihre Entscheidung mit dem Satzanfang „Ich stehe hier, weil ..." begründen.

In einem nächsten Schritt ordnen sich die Schüler/Teilnehmer der Konfliktlösungsstrategieecke zu, die ihnen am wenigsten entspricht, und begründen dies ebenfalls mit einem Satz.

10 Minuten

Abschließend **erläutert die Leitung**, welche **Auswirkungen** die einzelnen Strategien auf die Beziehung der Konfliktbeteiligten haben. Dazu werden die Grafiken aufgeklappt, sodass die erläuternden Erklärungen zu den Grafiken sichtbar werden.

10 Minuten	Aufbauend auf diese Übung erhalten die Schüler/Teilnehmer den Fragebogen **„Zum Verhalten in Konfliktsituationen" (S. 100)** sowie die Hinweise zum Ausfüllen und **Auswerten des Fragebogens (S. 101)** Mittels dieses Fragebogens können die Schüler/Teilnehmer ihr eigenes Konfliktverhalten reflektieren. Dazu **füllt** jeder Schüler/Teilnehmer **den Fragebogen für sich aus**. Die Auswertung erfolgt ausschließlich durch den Schüler/Teilnehmer. Das Ergebnis muss nicht öffentlich gemacht werden.
10 Minuten (5 Minuten)	Die Leitung führt abschließend eine **Reflexion** mit den Schülern/Teilnehmern durch, indem sie folgende Fragen bespricht: ➜ „Stimmt das Ergebnis der Auswertung des Fragebogens mit der vorhergehenden Selbsteinschätzung aus der vorherigen Gruppenarbeit überein?" ➜ „Hat dich das Ergebnis überrascht?"
5 Minuten	**Abschlussblitzlicht (S. 81)** Die Leitung stellt die Frage: „Was nehme ich heute an Erfahrungen mit?"

Sitzung 10: Selbstwahrnehmung/Fremdwahrnehmung I

Zeit	Inhaltlicher Ablauf
10 Minuten	**Einstiegsritual „Große Freude, kleiner Ärger, stummer Fisch" (S. 60)**
10 Minuten (5 Minuten)	**Anwärmübung: „Bilder und Gefühle" (S. 76)** Die Leitung legt eine Vielzahl von **Bildmotiven** auf Karten (Landschaften, Personen Farben etc.) in die Gruppenmitte. Jeder Schüler/Teilnehmer **wählt** aus den verschiedenen Bildmotiven eines aus, das ihn aktuell anspricht. Ziel der Übung ist es, sich Zeit zu nehmen, um festzustellen, dass mit Bildern Erinnerungen und Gefühle verbunden sind.
5 Minuten	Im Anschluss führt die Leitung eine **kurze Runde zu folgenden Fragestellungen** durch: ➜ „Warum hast du dieses Bild ausgesucht?" ➜ „Was für ein Gefühl wird für dich darin ausgedrückt?" Abschließend überprüft sie, ob jeder Schüler/Teilnehmer das Ziel der Übung nachvollziehen kann.
10 Minuten	**Übung: „Emotionskette" (S. 75)** Diese Übung bildet die Einführung in das Thema: „Umgang mit Gefühlen": Die Schüler/Teilnehmer bilden eine Reihe im Gruppenraum und stehen mit dem Gesicht in eine Richtung. Der Schüler/Teilnehmer, der an letzter Stelle steht, zieht eine Karte, auf der ein Gefühl beschrieben ist (z. B. Freude) (siehe Kopiervorlage S. 90). Danach tippt er seinem Vordermann auf die Schulter, der sich ihm zuwendet. Nun stellt der Schüler/Teilnehmer mit der Karte dem Schüler/Teilnehmer, der sich ihm zugewendet hat, dieses Gefühl pantomimisch dar. Dieser wendet sich daraufhin an seinen Vordermann und gibt den gesehenen Vorgang weiter etc. Der Erste in der Reihe muss schließlich sagen, um welches Gefühl es sich handeln könnte; derjenige, der die Karte gezogen hat, nennt das richtige Gefühl. Die Schüler/Teilnehmer können die **Übung** anschließend **mit anderen Gefühlen wiederholen**. Dabei sollten die Plätze in der Reihe getauscht werden.
5 Minuten	Die Leitung führt eine kurze **Auswertung** der Übung hinsichtlich der Schwierigkeiten, Gefühle richtig zu erkennen, im Kreis durch.
	Hinweis Bei Bedarf können auch zwei Reihen gebildet werden, die dann separat voneinander arbeiten.
10 Minuten (5 Minuten)	**Pause**
50 Minuten (40 Minuten)	**Rollenspiel: Gefühle erleben in unterschiedlichen Rollen und Situationen** Die Rollenspiele werden per Video mitgeschnitten, dazu wird eine Videoausrüstung (Kamera, Stativ, Abspielmöglichkeit, Monitor, evtl. Beamer) benötigt. Es kann auch mit dem Handy oder Tablet gefilmt werden. Diese Aufnahmen werden in der nächsten Sitzung („Selbstwahrnehmung/Fremdwahrnehmung II") benötigt.

<table>
<tr><td></td><td>Durchführung des Rollenspiels
Die Schüler/Teilnehmer sitzen in einem Halbkreis mit Ausrichtung zu einer vorher bestimmten Spielfläche (Bühne). Dann werden folgende Schritte durchgeführt:
1. Erläuterungen zum Vorgehen: Die Leitung gibt allgemeine Hinweise zum Rollenspiel und erklärt, dass die nachfolgenden Szenen auf Video aufgezeichnet und nach der Auswertung wieder gelöscht werden.
2. Die Leitung spielt anschließend beispielhaft eine Szene vor, um den Schülern/Teilnehmern Orientierung für das Rollenspiel zu geben.
3. Nun erhalten zwei Schüler/Teilnehmer, die vorher durch die Leitung bestimmt werden, zur Vorbereitung eine Karte, auf der eine Spielsituation beschrieben ist. Jeder Spieler erhält eine gesonderte Rollenanweisung, die der andere nicht kennt. Für die Rollenspiele gibt es je vier Spielvorgaben für zwei Schüler/Teilnehmer zu den Bereichen …
➜ Recht durchsetzen (S. 102–105),
➜ Beziehungen (S. 106–109) und
➜ Um Sympathie werben (S. 110–113).

Die zwei ausgewählten Schüler/Teilnehmer haben dann getrennt voneinander 60 Sekunden Zeit, um sich auf die Spielsituation vorzubereiten. Dies geschieht nach dem Prinzip: lesen – verstehen – sich auf die Situation einstellen – spontan spielen.</td></tr>
<tr><td></td><td>Hinweis
Für die Rollenspieler steht während der 60 Sekunden jeweils ein Gruppenleiter für Fragen zur Verfügung.</td></tr>
<tr><td></td><td>4. In der Rollenspielphase gehen die Rollenspieler auf die Bühne und spielen spontan die vorgegebe Szene. Die Spielzeit liegt dabei zwischen zwei und fünf Minuten (die Leitung kontrolliert, dass die Dauer eingehalten wird). Diese Szene wird auf Video festgehalten.
5. Nach Beendigung des Rollenspiels füllen die Schüler/Teilnehmer einen Auswertungsbogen (S. 114) für sich aus.
6. Parallel dazu erhält das nächste Spielerpaar ihre Rollenanweisungen (Spielsituation und Verhaltensanweisung). Dann werden die weiteren Spielszenen nach der beschriebenen Vorgehensweise durchgeführt, bis alle Teilnehmer einmal gespielt haben.</td></tr>
<tr><td>20 Minuten
(10 Minuten)</td><td>Abschließende Gruppenrunde
Die Leitung diskutiert mit den Schülern/Teilnehmern folgende Fragen:
➜ „Welche Erfahrungen hast du bei dem Rollenspiel gemacht?“ Grundlage für die Beantwortung dieser Fragestellung ist der zuvor ausgefüllte Auswertungsbogen.
➜ „Welche Gefühle hast du beim Spiel erlebt?“</td></tr>
</table>

Sitzung 11: Selbstwahrnehmung/Fremdwahrnehmung II

Zeit	Inhaltlicher Ablauf
10 Minuten	**Einstiegsritual „Große Freude, kleiner Ärger, stummer Fisch" (S. 60)**
45 Minuten (35 Minuten)	**Themenorientiertes Arbeiten: Gefühle erleben in unterschiedlichen Rollen und Situationen** Die Leitung beginnt mit der **Auswertung der mitgeschnittenen Rollenspiele** aus der letzten Gruppensitzung nach folgendem Ablaufschema: 1. Die Leitung liest vor dem Anschauen eines Videos die Spielsituationen und die jeweiligen Rollenspielanweisungen vor. Die Schüler/Teilnehmer erhalten die **Aufgabe**, zu beurteilen, ob die Spielvorgaben von den Rollenspielern entsprechend umgesetzt wurden. 2. Die Gruppe sieht sich die einzelnen Videos an. Alle Schüler/Teilnehmer erhalten jeweils eine **rote** (**Nein**) und eine **grüne (Ja) Stimmkarte**. Sie müssen die Szenen jeweils im Sinne der benannten Aufgabe **beurteilen** und dies **begründen**: „Ich habe mich für die grüne/rote Karte entschieden, weil …" 3. Danach äußern sich die Rollenspieler zu folgenden Fragestellungen: ➜ „In welchem ICH-Zustand (vgl. Sitzung 6, S. 32) hast du dich befunden?" ➜ „Welche Gefühle löst das Anschauen des Videos aktuell bei dir aus?" ➜ „Kennst du solche Gefühle aus deinem sonstigen Leben? Wenn ja, nenne ein Beispiel."
	Hinweis Bei Bedarf sollte die Möglichkeit eingeräumt werden, das Spiel noch einmal zu wiederholen, um alternative Verhaltensweisen auszuprobieren bzw. andere Gefühlsqualitäten zu erleben.
	4. Ein **Sharing** beendet die Auswertung: Die unbeteiligten Zuschauer der Szene äußern sich im Sinne von: „Was teile ich mit dir?"
10 Minuten (5 Minuten)	**Pause**
50 Minuten (40 Minuten)	**Fortsetzung der Auswertung**
	Hinweis Sollte die Auswertungszeit nicht reichen, kann auch die nächste Gruppensitzung dazu genutzt werden, die Videoaufnahmen auszuwerten.
5 Minuten	**Abschlussblitzlicht (S. 81)** „Welche Gefühle begleiten mich jetzt?"

Sitzung 12: Werteorientierung – „Was ist mir wichtig?"

<table>
<tr><th>Zeit</th><th>Inhaltlicher Ablauf</th></tr>
<tr><td>10 Minuten</td><td>Einstiegsritual „Große Freude, kleiner Ärger, stummer Fisch" (S. 60)</td></tr>
<tr><td>20 Minuten
(10 Minuten)</td><td>Themenorientiertes Arbeiten: Was ist mir wichtig? – Bewusstsein für die eigenen Werte schaffen
Zum Anwärmen legt die Gruppenleitung eine Fülle von Gegenständen und Bildern in die Gruppenmitte (Handy, Geld, Reiseführer, Fußball, Getränke, Partybilder, Bilder aus der Arbeitswelt etc.).
Die Schüler/Teilnehmer werden nun aufgefordert, sich einen Gegenstand bzw. ein Bild auszusuchen, der/das symbolisch zu folgenden Fragestellungen passt:
➜ „Womit beschäftigst du dich aktuell?"
➜ „Womit würdest du dich gerne beschäftigen?"
Die Assoziationen werden in der Gruppenrunde vorgestellt.</td></tr>
<tr><td>25 Minuten
(20 Minuten)</td><td>Nun sollen sich die Schüler/Teilnehmer mit der nachfolgenden, existenziellen Frage auseinandersetzen: „Was ist mir in meinem Leben besonders wichtig?" Dazu erhalten die Gruppenmitglieder Karten, auf denen sie ihre Gedanken aufschreiben (pro Aspekt eine Karte).
Die Karten werden eingesammelt und an der Pinnwand in den Kategorien „Dinge, die man nicht kaufen kann" und „Dinge, die man kaufen kann" geclustert.

Beispiel<table><tr><th>Dinge, die man nicht kaufen kann
ideelle Werte</th><th>Dinge, die man kaufen kann
materielle Werte</th></tr><tr><td>Zeit, Liebe, Zuneigung, Verständnis, Unterstützung, Geborgenheit, Nähe etc.</td><td>Computer, Kopfhörer, Schminke, Schuhe, Urlaub, ein Tier etc.</td></tr></table></td></tr>
<tr><td>10 Minuten</td><td>Anschließend erfolgt ein Gruppengespräch über das Thema „Werte" im Allgemeinen. Mögliche Fragestellungen können sein:
➜ „Was sind Werte?"
➜ „Wie entstehen sie?"
➜ „Was für Bedeutungen und Auswirkungen haben sie?"</td></tr>
<tr><td>10 Minuten
(5 Minuten)</td><td>Pause</td></tr>
<tr><td>15 Minuten
(10 Minuten)</td><td>Fortsetzung der themenorientierten Arbeit
In Einzelarbeit sollen die Schüler/Teilnehmer sich unter Einbeziehung der vorausgegangenen Diskussion nun überlegen, was ihre persönlichen Werte sind.
Die einzelnen Werte werden von ihnen wieder auf Karteikarten notiert.</td></tr>
<tr><td></td><td>Jeder Schüler/Teilnehmer soll nun seinen eigenen Wertebaum zeichnen und ihn mit seinen Wertekarten bestücken (siehe Beispiel auf der nächsten Seite).</td></tr>
</table>

	Beispiel Liebe Verständnis Computer
10 Minuten	Im Anschluss daran **stellt jeder Schüler/Teilnehmer seinen Wertebaum in der Gruppe vor** – mit möglichst konkreten Aussagen zu den eigenen Werten.
5 Minuten	**Abschlussblitzlicht (S. 81)** Die Schüler/Teilnehmer formulieren einen Satz zum in dieser Sitzung Erlebten.

Sitzung 13: Umgang mit Widerständen und Ambivalenzen

Zeit	Inhaltlicher Ablauf
10 Minuten (5 Minuten)	**Einstiegsritual „Große Freude, kleiner Ärger, stummer Fisch" (S. 60)**
10 Minuten	**Themenorientiertes Arbeiten: Den „inneren Schweinehund" überwinden** Zum **Anwärmen** fordert die Leitung die Schüler/Teilnehmer auf, **Ausreden und Entschuldigungen zu benennen**, mit denen sie es immer wieder schaffen, Anforderungen und Ziele – sei es im Sport, in der Schule, bei Freunden oder anderen Gelegenheiten – nicht zu erfüllen bzw. zu umgehen. Die Ausreden werden gesammelt und **am Flipchart festgehalten**. Abschließend erstellen die Schüler/Teilnehmer gemeinsam eine Rangfolge.
15 Minuten (10 Minuten)	**Exemplarisches Rollenspiel: „Der innere Schweinehund"** Ziel des Rollenspiels ist es, Widerstände und Ambivalenzen deutlich zu machen und Lösungsmöglichkeiten anzubieten. Zum besseren Verständnis wird die nachfolgende Übung von den beiden Leitern vorgestellt: 1. Ein Leiter sitzt auf einem Stuhl, die andere Leitungsperson steht hinter ihm. Beide Personen schauen in Richtung Gruppe. 2. Der Sitzende **benennt eine Aufgabe**, die er erledigen soll, z. B.: „Ich muss Sozialstunden machen." 3. Der Stehende hat **zwei Symbole oder Handpuppe**n in den Händen, die ein „Engelchen" und ein „Teufelchen" zeigen. Diese hält er jetzt abwechselnd über den Schultern des Sitzenden hoch und **führt dabei einen Dialog**. Hierin sollen die „inneren Stimmen" – die Ambivalenzen, also das Nebeneinander von gegensätzlichen Gefühlen, Aussagen und Gedanken des Sitzenden – dargestellt werden. **Beispiel** Teufelchen: „Ich gehe da nicht hin, ich bin noch müde!" Engelchen: „Es gibt Ärger, wenn du nicht gehst." Teufelchen: „Ist mir doch egal, ich kann gar nicht hin, ich bin so krank …" Engelchen: … 4. Abschließend wird der Sitzende gefragt, … ➜ welche Argumente ihn überzeugt haben und ➜ zu welcher der beiden Positionen er aktuell tendiert und ob er sich für eine Seite entscheiden kann. Wenn er sich auf eine Position festlegen kann, **formuliert er seine Entscheidung** in einem Satz.
15 Minuten	**Kleingruppenarbeit zum Thema „Der innere Schweinehund"** Ist das exemplarische Rollenspiel verstanden, finden sich die Schüler/Teilnehmer in 3er-Gruppen zusammen und spielen eigene Szenen mit folgender Rollenvorgabe:

- → Der Sitzende benennt eine für ihn wichtige Aufgabe.
- → Der Stehende führt den Dialog, indem er mithilfe der Symbole/Handpuppen dem Sitzenden zustimmende und ablehnende Argumente nennt.
- → Der Beobachter achtet auf die Zeitvorgabe (zwei bis drei Minuten) und die Einhaltung der Dialogform (siehe oben genanntes Beispiel).

Nach Beendigung der jeweiligen Szene tauschen die Schüler/Teilnehmer kurz ihre aktuellen Erfahrungen aus.

Hinweis
Jedes Mitglied der Kleingruppe probiert jede Rolle einmal aus (also drei Spielszenen).

5 Minuten	Es folgt die **Auswertung** der Erfahrungen aus den Kleingruppen im Plenum. Fragestellungen können sein: → „Welche Erfahrungen hast du in den jeweiligen Rollen gemacht?" → „Wurden Entscheidungen getroffen?" → „Was passiert, wenn man sich nicht entscheiden kann/will?"
10 Minuten (5 Minuten)	**Pause**

20 Minuten

Fortsetzung themenorientiertes Arbeiten: Wie schaffe ich es, mich zu entscheiden?

In **Einzelarbeit** sucht sich jeder Schüler/Teilnehmer **eine Situation aus seinem Leben**, in der er sich **nicht entscheiden konnte bzw. wollte**. Die Situation wird nun unter den Gesichtspunkten „Vorteile" und „Nachteile" der Handlung **eigenständig analysiert** (Kopiervorlage S. 115).

Beispiel
Englischarbeit
Ich lerne für die Arbeit.

Vorteile:	Nachteile:
➜ Ich schreibe eine gute Note. ➜ …	➜ Ich kann mich nicht mit meinen Freunden treffen. ➜ …

Ich lerne *nicht* für die Arbeit.
Nachteile:

Nachteile:	Vorteile:
➜ Ich schreibe eine schlechte Note. ➜ …	➜ Ich kann nachmittags weggehen. ➜ …

Hinweis
Lassen Sie ausreichend Zeit für eine intensive Auseinandersetzung, um dann eine Entscheidung zu treffen.

30 Minuten
(15 Minuten)

Auswertung der Einzelarbeit in der Gruppe

Die Schüler/Teilnehmer stellen ihre Ergebnisse zum Thema „Vorteile/Nachteile der Entscheidung" im Plenum vor und berichten über ihre **Erfahrungen** während des Prozesses. Fragen, die die Schüler/Teilnehmer dazu beantworten können, sind z. B.:

➜ „Wie lautet deine Entscheidung?"
➜ „Gab es Überraschungen?"
➜ „Was brauchst du noch, um eine Entscheidung treffen zu können?"

5 Minuten

Abschluss

Die Schüler/Teilnehmer verabschieden sich mit einer Geste aus der Gruppe.

Sitzung 14: Transfer in den Alltag

Zeit	Inhaltlicher Ablauf
10 Minuten	**Einstiegsritual „Große Freude, kleiner Ärger, stummer Fisch" (S. 60)**
15 Minuten	**Anwärmübung: „Gedankenreise zum Thema Zukunftsplanung" (S. 76)** Die Leitung fordert die Schüler/Teilnehmer auf, sich möglichst entspannt auf ihren Stuhl zu setzen, um gut sieben Minuten mit geschlossenen Augen ihren Anweisungen zu folgen. Mithilfe der folgenden **Gedankenreise**, in der der Leiter die Schüler/Teilnehmer mit seinen Sätzen auffordert, über ihre Lebenssituation und ggf. Änderungswünsche nachzudenken, lassen die Schüler/Teilnehmer Bilder und Gedanken zu ihrer Zukunft entstehen. Nach Beendigung der Gedankenreise fordert die Leitung die Gruppenmitglieder auf, ein **Ziel** zu **formulieren**, von dem sie glauben, dass es innerhalb eines Jahres erreichbar ist. Das angestrebte Ziel wird auf einer Karteikarte festgehalten. **Themenorientiertes Arbeiten: Zukunftsplanung** Es wird ein halbrunder Stuhlkreis gebildet und ein Flipchart aufgestellt. Der erste Schüler/Teilnehmer der Gruppe **erläutert sein Ziel**, das er im Anschluss an die Gedankenreise formuliert hat. Dieses wird von den Leitern mittig **auf dem Flipchart notiert**. Der Rest der Gruppe sammelt nun **Ideen**, wie der Schüler/Teilnehmer sein Ziel erreichen kann. Die einzelnen Vorschläge werden notiert. **Beispiel** **Schulabschluss erreichen** *keine Drogen nehmen* *lernen* *ausgeschlafen sein* **Schulabschluss erreichen** *sich vorbereiten* *regelmäßig zur Schule gehen* *keine Schlägereien* Anschließend fordert die Leitung das Gruppenmitglied am Flipchart auf, die **Ideen einzukreisen**, die seiner Meinung nach **am hilfreichsten** sind. Dabei stellen die Leiter folgende **Interviewfragen**: ➜ „Was muss auf jeden Fall passieren, damit du dein Ziel erreichen kannst?" ➜ „Was darf keinesfalls eintreten?" ➜ „Wer ist dafür verantwortlich, dass du dein Ziel erreichst?" Der nächste Schüler/Teilnehmer der Gruppe stellt sein Ziel vor.
10 Minuten (5 Minuten)	**Pause**
50 Minuten (35 Minuten)	**Fortsetzung der themenorientierten Arbeit** Der vorgestellte Ablauf wird für jeden Schüler/Teilnehmer wiederholt. Ist genug Zeit vorhanden, kann die Konzentrationsübung „Kraft der Gedanken" (S. 80) durchgeführt werden, mit der die Schüler/Teilnehmer erfahren, dass man seine eigenen Möglichkeiten erweitern kann, wenn man sich etwas fest vornimmt.
5 Minuten	**Abschlussblitzlicht (S. 81)** Die Leitung stellt die Frage: „Was nimmst du aus der heutigen Sitzung mit?"

Sitzung 15: Abschlusssitzung

Zeit	Inhaltlicher Ablauf
10 Minuten	**Einstiegsritual „Große Freude, kleiner Ärger, stummer Fisch" (S. 60)**
20 Minuten	**Übung: „Abschlussausstellung" (S. 83)** Im Raum wird für jede Sitzung ein unbeschriftetes Blatt (möglichst Flipchart-Größe) aufgehängt. Die Schüler/Teilnehmer werden in Kleingruppen aufgeteilt und halten den inhaltlichen Ablauf der vorangegangenen Sitzungen auf den Plakaten fest. Die Bearbeitungszeit pro Plakat beträgt dabei ca. drei Minuten. **Hinweis** Ergänzt bzw. ersetzt werden können die Einzelblätter durch bereits erarbeitete Wandzeitungen aus anderen Sitzungen.
10 Minuten	Anschließend findet eine Begehung der Ausstellung „Krass korrekt!" mit allen Schülern/Teilnehmern statt, bei der gemeinsame Erinnerungen und Erfahrungen ausgetauscht werden können. Die Schüler/Teilnehmer erhalten Klebepunkte in den Farben rot, gelb und grün, die folgende Bedeutung haben: ➜ rot = nicht gut ➜ gelb = neutral ➜ grün = gut Pro Sitzung vergibt jeder Schüler/Teilnehmer einen Bewertungspunkt. Durch die Bepunktung ergibt sich ein Überblick über die Akzeptanz der einzelnen Sitzungen.
10 Minuten	**Themenorientiertes Arbeiten: Mein persönlicher Lernerfolg**  **Einzelarbeit:** Die Schüler/Teilnehmer erhalten jeweils ein Blatt, auf dem ein Ankersymbol abgebildet ist (Kopiervorlage S. 116). **In dieses Symbol** tragen sie ein, was jeder Einzelne für sich innerhalb des sozialen Trainingskurses gelernt hat. Die Lernerfahrungen werden anschließend im Plenum vorgestellt.

15 Minuten	**Gruppendynamische Übung: „Bootsübung" (S. 68)** Analog zu der Bootsübung aus der zweiten Sitzung wird erneut eine Bootszeichnung aufgehängt. Nach ihrem aktuellen Befindlichkeitsstand geben sich die Schüler/Teilnehmer erneut eine Rolle auf dem Boot. Die Gruppenteilnehmer haben nun die Möglichkeit, zu vergleichen, ob sich die aktuell eingetragene Rolle von der selbst zugeschriebenen Rolle aus der Anfangssitzung unterscheidet bzw. verändert hat.
5 Minuten	Eine **Gruppenrunde im Plenum** beendet diese Übung. Die Leitung stellt dazu folgende Frage: „Welches Souvenir (Andenken und/oder Erfahrung) nimmst du von dieser ‚Bootsfahrt' (Dauer des Kurses) mit?" **Abschluss der inhaltlichen Arbeit: „Gruppenabschlussrunde"** Die Gruppenteilnehmer stehen auf Anweisung auf und bilden, gemeinsam mit der Leitung, einen Kreis. Alle haben nun die Möglichkeit, sich zu dem sozialen Training zu äußern und sich von den anderen Anwesenden – nach dem Motto: „Was ich hier noch sagen wollte …" – zu verabschieden.
Zeitrahmen unbestimmt	**Gemeinsame Abschlussaktion** An die letzte Sitzung kann sich eine Abschlussveranstaltung mit belohnendem Charakter (kochen, Essen gehen, paddeln etc.) anschließen.  © Petair – Fotolia.com Im Rahmen dieser Veranstaltung werden die **Teilnahmebescheinigungen** (Kopiervorlage S. 121) übergeben.

3 Interaktionsübungen

Inhaltlicher Überblick über die Interaktionsübungen

Übungskategorie	Name/Art der Übung	gehört zur Sitzung Nr.
Einstiegsübung	**Reihen bilden (S. 60)** ➜ Kennenlernübung	1
Einstiegsübung	**Große Freude, kleiner Ärger, stummer Fisch (S. 60)** ➜ Befindlichkeitsübung	2–15
Einstiegsübung	**Paarinterview (S. 61)** ➜ Kennenlernübung	1
Einstiegsübung	**Portrait malen (S. 61)** ➜ Kennenlernübung	2
Einstiegsübung	**Ehrliche Begrüßung (S. 62)** ➜ Nähe-und-Distanz-Übung	3
Einstiegsübung	**Begrüßung ohne Worte (S. 62)** ➜ Nähe-und-Distanz-Übung	7
Einstiegsübung	**Ritter, Drache, Feigling (S. 63)** ➜ Rollentauschübung	8
Einstiegsübung	**Befindlichkeit ausdrücken durch Postkartenmotive (S. 63)** ➜ Befindlichkeitsübung	10
Vertrauensübung	**Fotoapparat (S. 64)** ➜ Vertrauensübung	3
Vertrauensübung	**Vertrauenslinie (S. 65)** ➜ Zuordnungsübung	3
Vertrauensübung	**Vertrauenssprung (S. 65)** ➜ Körperübung	3
Vertrauensübung	**Fallen lassen zu dritt (S. 66)** ➜ Körperübung	3
Vertrauensübung	**Sich im Gruppenkreis fallen lassen (S. 66)** ➜ Körperübung	3
Thematische Anwärmübung	**Brainstorming (S. 67)** ➜ Kreativübung	1, 3, 5, 7, 8, 9
Thematische Anwärmübung	**Bootsübung (S. 68)** ➜ gruppendynamische Übung	2, 15
Thematische Anwärmübung	**Soziometrische Reihe (S. 68)** ➜ Zuordnungsübung	2
Thematische Anwärmübung	**Schneeballübung: Begriffserklärung (S. 69)** ➜ Gruppenübung	5
Thematische Anwärmübung	**Turmbau (S. 69)** ➜ Kooperationsübung	5
Thematische Anwärmübung	**Spinnennetz (S. 70)** ➜ Kooperationsübung	5
Thematische Anwärmübung	**Wende das Blatt! (S. 70)** ➜ Kooperationsübung	5

Thematische Anwärmübung	**Zollstockübung (S. 71)** ➜ Kooperationsübung	5
Thematische Anwärmübung	**Das Brötchenspiel (S. 72)** ➜ Kommunikationsübung	6
Thematische Anwärmübung	**Was sagt diese Körperhaltung aus? (S. 73)** ➜ Übung zur Körpersprache	7
Thematische Anwärmübung	**Körpersprache deuten (S. 73)** ➜ Gruppenübung	7
Thematische Anwärmübung	**Erleben in verschiedenen Rollen (S. 74)** ➜ Rollenspielübung	8
Thematische Anwärmübung	**Angemessenes Verhalten (S. 74)** ➜ Rollenspielübung	8
Thematische Anwärmübung	**Alle, die ... (S. 75)** ➜ Gruppenübung	9
Thematische Anwärmübung	**Emotionskette (S. 75)** ➜ Gruppenübung	10
Thematische Anwärmübung	**Bilder und Gefühle (S. 76)** ➜ Assoziationsübung	10
Thematische Anwärmübung	**Zukunftsplanung (S. 76)** ➜ angeleitete Gedankenreise	14
Konzentrationsübung	**Klatschkreis (S. 77)** ➜ Kreisübung	1
Konzentrationsübung	**Ballsalat (S. 77)** ➜ Kreisübung	1
Konzentrationsübung	**Imaginäre Bälle (S. 78)** ➜ Kreisübung	1
Konzentrationsübung	**Bälle fangen (S. 78)** ➜ Kreisübung	1
Konzentrationsübung	**Konzentration auf den Punkt (S. 79)** ➜ Kreisübung	2
Konzentrationsübung	**Zisch, Boing, Peng (S. 79)** ➜ Kreisübung	2
Konzentrationsübung	**Kraft der Gedanken (S. 80)** ➜ Imaginationsübung	14
Abschlussübung	**Blitzlicht (S. 81)** ➜ Befindlichkeitsübung	1, 2, 3, 5, 8, 9, 11, 12, 14
Abschlussübung	**Ampelcheck (S. 81)** ➜ Rückmeldungsübung	4
Abschlussübung	**Abschlussrunde mit Ich-Botschaften (S. 82)** ➜ Rückmeldungsübung	4, 6, 7
Abschlussübung	**Fünf-Finger-Übung (S. 82)** ➜ Rückmeldungsübung	7
Abschlussübung	**Abschlussausstellung (S. 83)** ➜ Auswertungsübung	15

Einstiegsübungen

Reihen bilden (Kennenlernübung, Sitzung 1)

Material

–

Durchführung

Auf Anweisung des Übungsleiters bilden die Schüler/Teilnehmer eine Reihe und suchen sich ohne Absprache die für sie möglichst richtige Position.

Mögliche Anweisungen könnten sein:

„Stellt euch in einer Reihe auf …

- → nach Körpergröße (von klein nach groß)."
- → nach Alter (von jung nach alt)."
- → nach Entfernung zum Heimatort/Stadtteil."
- → etc.

Haben alle Schüler/Teilnehmer ihre Plätze in der Reihe eingenommen, nennt jeder sein Zuordnungskriterium und – falls notwendig – wird die Reihe korrigiert. Daraufhin gehen alle wieder auseinander und der Spielleiter gibt die nächste Anweisung vor.

Große Freude, kleiner Ärger, stummer Fisch (Befindlichkeitsübung, Sitzung 2–15)

Material

Ball oder kleiner Gegenstand zum Werfen

Durchführung

Die Schüler/Teilnehmer sitzen im Kreis. Die Leitung fordert die Gruppenteilnehmer auf, sich an eine Situation zu erinnern, die in der vergangenen Woche mit viel Spaß und Freude besetzt war, sowie eine Situation, die mehr oder weniger als ärgerlich empfunden wurde. Der Leiter beginnt nun mit seinen kurzen Schilderungen freudiger und ärgerlicher Situationen, damit die Teilnehmer sehen, wie die Übung abläuft. Danach wirft er einer beliebigen Person einen Ball zu und diese berichtet nun ebenso kurz über ihre große Freude und ihren kleinen Ärger. Traut diese Person sich nicht, in der Gruppe über diese Erlebnisse zu sprechen, kann sie auch einfach „stummer Fisch" sagen und den Ball weiterreichen. Der Ball geht so durch die gesamte Gruppe und landet zum Schluss wieder beim Leiter.

Hinweis

Sollte bei wiederholter Anwendung dieser Übung (ab Sitzung 3) ein „stummer Fisch" zugegen sein, obwohl sich alle in der Gruppe bereits gut kennen, ist eine Erklärung im Gruppenrahmen angezeigt. Der Gruppenteilnehmer ergänzt seine Äußerung durch den Satz: „Ich bin ein stummer Fisch, weil …"

Paarinterview (Kennenlernübung, Sitzung 1)

Material

–

Durchführung

Das Paarinterview ist eine Kennenlernübung, die sich besonders gut für eine erste Gruppensitzung eignet. Der Übungsleiter teilt die Schüler/Teilnehmer in Paare ein, wobei darauf zu achten ist, dass die einzelnen Partner möglichst wenig voneinander wissen. Um sich gegenseitig so wenig wie möglich zu stören, sollten sich die Paare in verschiedene Räume (soweit vorhanden) begeben oder sich so gut es geht im Raum verteilen. Die Schüler/Teilnehmer haben nun pro Person sieben Minuten Zeit, sich gegenseitig zu interviewen. Als **Beispiele für mögliche Interviewfragen** könnten folgende Fragen vorgestellt werden:

- „Wie heißt du?"
- „Welche Schule besuchst du?/Welchen Beruf übst du aus?"
- „Welchen Kinofilm hast du zuletzt gesehen?"
- „Welches Buch hast du zuletzt gelesen?"
- „Welche ist deine Lieblingsfarbe?"
- „Welche Art von Musik hörst du gerne?"
- „Wie verbringst du deine Freizeit?"
- „Welche Personen stehen dir besonders nahe?"
- „Wie fühlst du dich im Moment?"
- „Wenn du als Tier auf diese Welt kommen würdest, welches würdest du gerne sein?
- „Mit welchen drei Eigenschaften kannst du dich am besten beschreiben?"
- „Welche Eigenschaften schätzt du an anderen Leuten besonders?"
- „Was willst du in deinem Leben unbedingt erreichen?"
- etc.

Danach stellen sich die Partner gegenseitig in der Gesamtgruppe anhand der gesammelten Informationen vor.

Portrait malen (Kennenlernübung, Sitzung 2)

Material

DIN-A4-Blätter in der Anzahl der Schüler/Teilnehmer, Stifte

Durchführung

Die Schüler/Teilnehmer sitzen sich in zwei Reihen gegenüber (am besten an einer langen Tischreihe). Die Jugendlichen der einen Reihe zeichnen jetzt auf ein Blatt Papier das Portrait ihres Gegenübers. Jeweils nach 30 Sekunden wird das Malen unterbrochen und die Zeichner rücken einen Platz weiter. Das angefangene Bild verbleibt auf dem Platz und muss vom nächsten Schüler/Teilnehmer fortgeführt werden. Die Wechsel werden so lange vorgenommen, bis die Zeichner wieder vor ihrem ersten Modell sitzen. Danach sind die Schüler/Teilnehmer, die vorher gemalt worden sind, mit dem Portraitieren an der Reihe.

Die fertigen Bilder werden im Gruppenraum aufgehängt und die Schüler/Teilnehmer versuchen, jedes gemalte Portrait einem Gruppenmitglied zuzuordnen.

Ehrliche Begrüßung (Nähe-und-Distanz-Übung, Sitzung 3)

Material

–

Durchführung

Der Übungsleiter fordert die Schüler/Teilnehmer auf, durch den Raum zu gehen. Dabei sollen sie auf die anderen Gruppenmitglieder zugehen und jedem Anwesenden ehrlich und angemessen begrüßen. Die einzelnen Begrüßungen machen so Nähe und Distanz der einzelnen Gruppenmitglieder zueinander deutlich.

Abschließend geben die Gruppenmitglieder eine kurze Rückmeldung im Plenum zu den Erfahrungen mit der Übung.

> **Hinweis**
> Die Leitung sollte darauf achten, dass alle Schüler/Teilnehmer begrüßt werden und keiner außen vor bleibt.

Begrüßung ohne Worte (Nähe-und-Distanz-Übung, Sitzung 7)

Material

ggf. Glocke

Durchführung

Alle Schüler/Teilnehmer gehen durch den Raum. Auf ein Zeichen der Leitung hin (Klatschen, Klingeln o. Ä.) begrüßen sich jeweils zwei Personen, die nahe beieinander sind, ohne Worte. Nach der Begrüßung gehen alle weiter, bis das Zeichen für die nächste Begrüßung erklingt usw. Abschließend wird die Übung mittels der nachfolgenden Fragestellungen reflektiert:

- „Hast du alle Mitspieler gleich begrüßt?“
- „Wenn nicht, welche Gründe könnte das haben?“
- „Was ist dir sonst aufgefallen?“

Ritter, Drache, Feigling (Rollentauschübung, Sitzung 8)

Material

–

Durchführung

Die Schüler/Teilnehmer werden in zwei Gruppen aufgeteilt und stehen sich gegenüber. Die Leitung stellt nun drei Figuren mit ihren Bewegungen und Schicksalen vor.

Beteiligte Figuren:

- Der **Ritter** besiegt den Drachen und stößt dabei sein imaginäres Schwert mit einem Schrei nach vorn.
- Der **Drache** frisst den Feigling. Die Schüler/Teilnehmer reißen die Arme auseinander und gehen mit großem Fauchen und Gebrüll auf den Feigling los.
- Der Feigling zieht die Schultern hoch und zittert am ganzen Körper. Er gewinnt gegen den Ritter, mit dessen Ehre es sich ganz und gar nicht vereinbaren lässt, gegen eine feige, unbewaffnete Person zu kämpfen.

Nun muss sich jede Gruppe auf eine der drei genannten Figuren verständigen. Die Leitung gibt dann das Startsignal und beide Gruppen bewegen sich in der jeweils gewählten Rolle aufeinander zu. Pro Durchgang gibt es einen Punkt für die Figur, die die andere „besiegt" hat. Wird von den beiden Gruppen die gleiche Rolle gewählt, werden keine Punkte vergeben.

Befindlichkeit ausdrücken durch Postkartenmotive (Befindlichkeitsübung, Sitzung 10)

Material

Postkarten mit unterschiedlichsten Motiven

Durchführung

Die Schüler/Teilnehmer sitzen im Kreis. In der Mitte liegen verstreut Postkarten mit verschiedenen Motiven. Jeder Schüler/Teilnehmer wählt eine Postkarte aus, die ihn direkt anspricht und die seine aktuelle Befindlichkeit ausdrückt. Die Leitung fordert die Schüler/Teilnehmer nun auf, kurz zu erklären, warum sie sich für das Motiv entschieden haben und was es über die eigene aktuelle Befindlichkeit aussagt.

Hinweis

Am besten beginnt die Leitung mit der Übung, damit die Schüler/Teilnehmer eine Vorstellung davon bekommen, was sie erläutern sollen.

Vertrauensübungen

Fotoapparat (Vertrauensübung, Sitzung 3)

Material

–

Durchführung

Für diesen Vertrauensspaziergang im Raum werden Paargruppen gebildet. In jeder Gruppe ist eine Person der Fotoapparat und eine der Fotograf. Der Fotoapparat hat eine Linse (die Augen), die geschlossen ist, und einen Auslöser (den Kopf).
Der Fotograf führt seinen Fotoapparat, indem er ihn mit beiden Händen an den Schultern berührt, langsam auf fünf Motive zu und bringt ihn in die richtige Position (stehend, liegend, kniend etc.). Ist der Fotoapparat richtig justiert, drückt der Fotograf leicht auf den Auslöser (den Kopf) und die Linse (die Augen) öffnet sich für eine Sekunde. Danach schließt der Fotoapparat wieder die Linse (die Augen). Sind alle Motive fotografiert, öffnet der Fotoapparat wieder die Augen und sucht die Motive, die er „geknipst" hat. Der Fotograf gibt Rückmeldung zu den Vermutungen und gibt ggf. Hilfen. Danach wechseln die Rollen.
Da bei dieser Übung die Stärkung der sozialen Verantwortlichkeit im Vordergrund steht, ist es empfehlenswert, die Schüler/Teilnehmer im Anschluss an die Übung in der Gruppe darüber berichten zu lassen, welche Erfahrungen sie als Führende, Geführte und Beobachter gemacht haben.

Übungsvarianten

Diese Übung lässt sich gut im Freien auf einer Wiese oder einem Rasengrundstück durchführen. Dazu empfiehlt es sich, 3er-Gruppen zu bilden, wobei als zusätzliche Position der Beobachter hinzukommt. Mit geschlossenen Augen und barfuß wird die Kamera zu unterschiedlichen Motiven geführt.
Variationen können auch in der Form der Führung vorgenommen werden, indem der Fotoapparat z. B.

- → an die Hand genommen,
- → über einen einzelnen Finger geführt oder
- → nur nach Geräuschen (z. B. klatschen) geleitet wird.

Hinweis
Wird die Übung im Freien durchgeführt, sollte viel Zeit eingeplant werden – wenigstens zehn Minuten –, um die Schüler/Teilnehmer die ungewohnte Umgebung intensiv erleben zu lassen. Während dieser Zeit sollten Beobachter, Fotoapparat und Fotograf nicht oder nur sehr wenig miteinander sprechen.

Vertrauenslinie (Zuordnungsübung, Sitzung 3)

Material
2 Stühle, ggf. Klebeband

Durchführung
Auf einer imaginären Linie quer durch den Raum sind die jeweiligen Endpunkte A (viel Vertrauen) und B (wenig Vertrauen) durch zwei Stühle gekennzeichnet (ggf. kann die Linie auch durch Klebeband markiert werden).
Die Teilnehmer sollen sich, bezogen auf die aktuelle Gruppensituation, einem Standort zuordnen: Bei wenig Vertrauen in die Klasse/Gruppe stellen sie sich näher an den Punkt B, bei viel Vertrauen zu Punkt A; können sie das nicht einschätzen, genau in die Mitte.
Anschließend erläutern sie ihre Position mit folgenden Sätzen:
- „Ich stehe hier, weil …"
- „Um noch mehr Vertrauen zu bekommen, muss ich … tun/haben".

Vertrauenssprung (Körperübung, Sitzung 3)

Material
ggf. Tisch

Durchführung
Die Schüler/Teilnehmer nehmen Uhren, Ringe usw. von ihren Armen und Händen ab. Immer zwei Jugendliche stehen sich gegenüber und fassen sich an den Händen bzw. Unterarmen oder nutzen den sogenannten Rautekgriff (eine Hand fasst den eigenen Unterarm, die freie Hand greift den angewinkelten Unterarm des Partners gegenüber). Die Paare stellen sich so hin, dass sie einen guten Halt haben und nahe beieinanderstehen. Sie bilden so gemeinsam eine Auffangreihe.
Ein Schüler/Teilnehmer stellt sich vor die Reihe, nimmt etwas Anlauf und springt – mit lang nach vorn ausgestreckten Armen – auf die Arme der anderen, die ihn sicher halten.
Nach Abschluss der Übung erfolgt eine gemeinsame Auswertung in der Gruppe, in der berichtet wird, wie die Springenden die Übung erlebt haben.

Übungsvariante
Eine gesteigerte Variante dieser Übung ist das Rückwärts-Fallenlassen auf die Arme der Gruppe: Die Paare stellen sich als Auffangreihe an das Ende eines Tisches. Ein Schüler/Teilnehmer stellt sich mit dem Rücken zur Gruppe auf den Tisch und lässt sich rückwärts auf die Arme der anderen fallen.

Hinweis
Achten Sie darauf, dass die Schüler/Teilnehmer bei dieser Übung konzentriert bei der Sache sind, da sie die Verantwortung für die Sicherheit des Springenden/Fallenden tragen!

Fallen lassen zu dritt (Körperübung, Sitzung 3)

Material

–

Durchführung

Diese Übung wird zu dritt durchgeführt. Die Personen A und B stehen sich gegenüber. In ihrer Mitte steht die Person C. Die hinten stehende Person A legt nun ihre Hände auf den oberen Rückenbereich der Person C. Person B, die den in der Mitte stehenden C von vorn sieht, legt ihre Hände an dessen Schulterbereich.

Person C macht sich nun ganz steif. Person A schiebt C mittels eines leichten Stoßes am Oberkörper vorsichtig zur Person B hin, die mit ihren Armen nachgibt, sodass C in der Mitte ihr etwas entgegenfällt. Person B hält C auf, bevor er mit ihr zusammenstößt und schiebt ihn anschließend zurück in Richtung Person A, die ihre Arme fangbereit ausstreckt und ihrerseits C auffängt usw. Person C lässt sich jeweils nach vorn bzw. hinten fallen, sodass eine Art Pendelbewegung entsteht. Dabei darf sich ihre Fußposition nicht verändern!

Am intensivsten erlebt Person C das „Aufgefangen werden", wenn sie die Augen schließt. Ist ein solches „blindes" Vertrauen in der Gruppe noch nicht vorhanden, lässt sich der Fall aber auch mit offenen Augen durchführen und erleben.

Unter den drei Personen werden die Positionen gewechselt, damit alle in die Erfahrung des Sich-Fallenlassens kommen können.

Hinweis

Die jeweilige Übergabe zwischen Person A und Person B darf nur dann erfolgen, wenn sichergestellt ist, dass Person C damit einverstanden ist und vom Gegenüber aufgenommen und gehalten werden kann.

Sich im Gruppenkreis fallen lassen (Körperübung, Sitzung 3)

Material

–

Durchführung

Die Schüler/Teilnehmer bilden einen Kreis. Eine Person aus der Gruppe stellt sich in die Mitte und der Kreis wird eng geschlossen. Nun heben die Gruppenmitglieder ihre Hände mit den Handflächen nach vorn auf Schulterhöhe.

Die Person in der Mitte schließt die Augen, versteift den Körper und lässt sich langsam in eine Richtung fallen. Die Schüler/Teilnehmer fangen das Gruppenmitglied mit den Händen an den Schultern ab, richten es wieder auf und schieben es sanft in eine andere Richtung.

Nach ein bis drei Minuten wechselt ein anderer Schüler/Teilnehmer mit der Person in der Mitte.

Hinweise

- Am Anfang sollte die Fallstrecke sehr gering sein, um dem fallenden Gruppenmitglied die nötige Sicherheit durch die Gruppe zu vermitteln. Im Laufe der Übung kann die Fallstrecke dann weiter vergrößert werden.
- Da es sich um eine Vertrauensübung handelt, ist es wichtig, darauf hinzuweisen, dass die Person in der Mitte möglichst sanft hin- und hergeschoben werden muss.

Thematische Anwärmübungen

Brainstorming (Kreativübung, Sitzung 1, 3, 5, 7, 8, 9)

Material
Stifte, Karteikarten, Plakate, Flipchart, Tafel usw.

Durchführung
Das Brainstorming ist eine von dem Werbefachmann Alex Faickney Osborn entwickelte Methode, die dazu führen soll, dass eine Gruppe von Menschen neue, kreative Ideen und Anregungen zu einer bestimmten Fragestellung/Problemsituation entwickelt, ohne dass es Gedankenblockaden gibt. Die optimale Gruppengröße für ein Brainstorming liegt bei fünf bis neun Personen und der zeitliche Rahmen sollte zwischen den „klassischen" sieben bis hin zu maximal 30 Minuten liegen.

Die Leitung gibt den Schülern/Teilnehmern eine Fragestellung oder ein Thema vor und fordert sie auf, dazu so viele Ideen, Kommentare, Antworten etc. wie möglich zu formulieren. In der **ersten Phase** notieren die Schüler/Teilnehmer ihre Beiträge auf Karten, Flipchart, Tafel usw. Sie werden nicht analysiert, kritisch hinterfragt und/oder bewertet. Je offener eine Frage ist, umso größer sind auch die Assoziationsmöglichkeiten. Aufgabe der Leitung ist es, die Gruppenmitglieder immer wieder aufzufordern, kreative Beiträge zu formulieren, neue Impulse zu setzen und darauf zu achten, dass auch eher zurückhaltende Teilnehmer sich entsprechend beteiligen und zu Wort kommen.

Beispiel
In der Sitzung 3 des sozialen Trainings wird zum Thema „Vertrauen" gearbeitet. Die Assoziationen zum Thema reichen von „wohlfühlen" über „Vertrauen ist gut, Kontrolle ist besser" bis hin zum „Vertrauensbruch" als Gegenpol.

Hinweis
Jeder Beitrag, d. h., jede Assoziation zu der Fragestellung hat seine Berechtigung und wird festgehalten. Bereits benannte Beiträge, Ideen und Vorschläge können aufgegriffen, erweitert und verändert werden.

In einem **zweiten Schritt** werden die gesammelten Beiträge und Ideen sortiert und bewertet.

Beispiel – Fortsetzung
In der Übung aus der Sitzung 3 lassen sich die Aussagen in drei Kategorien „Was fördert Vertrauen?", „Was verhindert Vertrauen?" und „Welche Begrifflichkeiten haben sowohl etwas Förderndes als auch etwas Verhinderndes?" unterteilen.

Abschließend fasst die Leitung die **Ergebnisse** zusammen, die als Grundlage für die weitere Gruppenarbeit dienen. Ein Anwärmen für das jeweilige Thema hat so stattgefunden.

Bootsübung (Gruppendynamische Übung, Sitzung 2, 15)

Material
Plakat mit Schiff

Durchführung
Die Gruppenleitung legt den Schülern/Teilnehmern ein gezeichnetes Schiff auf einem DIN-A2-Plakat vor und erläutert die Funktionen der einzelnen Aufbauten und Arbeitsplätze (Ankerwache, Ausguck, Kombüse etc.) auf einem Schiff. Die Jugendlichen sollen nun überlegen, welche Rollen bzw. Positionen sie auf dem Schiff einnehmen wollen, damit es seetüchtig wird. Nacheinander benennen die Schüler/Teilnehmer ihre jeweilige Position auf dem Schiff und tragen sich namentlich an der entsprechenden Stelle mit dieser Rolle/Position auf dem Plakat ein (möglichst in Form einer Zeichnung mit Rollenbeschreibung).
Die Leitung selbst gibt sich keine Rolle; diese Aufgabe wird von den Schülern/Teilnehmern übernommen: Sie schreiben der Leitung gemeinsam eine Position und Rolle zu.
Ist das Schiff in dieser Form mit einer Mannschaft bestückt, klären Schüler/Teilnehmer und Leitung ab, ob das Schiff mit dieser Besatzung seetüchtig ist und auch bei schwerer See vorankommen kann.
Abschließend geben die Gruppenteilnehmer dem Schiff einen Namen.

Hinweis
Diese Bootsübung kann zu einem späteren Zeitpunkt mit folgenden Fragestellungen wieder aufgegriffen werden:
- „Hat sich etwas an Bord verändert?"
- „Welche Position hast du jetzt auf dem Schiff?"
- „Wohin geht die Reise des Schiffes aktuell?"
- etc.

Soziometrische Reihe (Zuordnungsübung, Sitzung 2)

Material
2 Stühle, ggf. Klebeband

Durchführung
Auf einer imaginären Linie (ggf. kann man diese mit Klebeband angeben) quer durch den Raum, sind die jeweiligen Endpunkte durch zwei Stühle gekennzeichnet. Diese bedeuten 0 % und 100 %.
Die Schüler/Teilnehmer ordnen sich prozentual auf diesem Zahlenstrahl einer Fragestellung oder einer Aussage zu, um optisch darzustellen, wo sie mit ihrer Meinung/Haltung stehen, z. B. „Wie nah/wie fern stehe ich jetzt zum sozialen Training?" Stimmen sie der Aussage voll zu oder haben eine hohe Übereinstimmung mit der infrage stehenden Sache (hier dem sozialen Training), stellen sie sich auf oder nahe an die 100 %, gibt es keine Übereinstimmung, an die 0 %, ansonsten je nach Zustimmungs- oder Ablehnungsgrad auf eine Position zwischen den beiden Enden.
Nach der Zuordnung begründet jeder Teilnehmer seine Position mit den Worten: „Ich stehe hier, weil …"

Schneeballübung: Begriffsklärung (Gruppenübung, Sitzung 5)

Material
(Kartei-)Karten (3 je Schüler/Teilnehmer), Stifte, Pinnwand mit Nadeln o. Ä.

Durchführung
Die Begriffsklärung beginnt mit einer Einzelarbeit. Jeder Schüler/Teilnehmer bekommt drei Karten und schreibt auf jede Karte eine Assoziation zu einer vorgegebenen Fragestellung, z. B. „Benenne drei Merkmale, die ein Team ausmachen".
Danach werden Paargruppen gebildet. Die Paare stellen sich gegenseitig ihre Begriffe vor und einigen sich auf drei gemeinsame Stichworte zum Thema (Reduzierung von sechs auf drei Begriffe).
Nun bilden sich 4er-Gruppen. Auch hier stellen sich die Schüler/Teilnehmer ihre jeweiligen drei Begriffe vor und einigen sich wieder auf die drei wesentlichsten Assoziationen (wieder Reduzierung von sechs auf drei Begriffe).
Als nächste Konstellation werden 8er-Gruppen gebildet und die Schüler/Teilnehmer führen das Verfahren ein viertes Mal durch.
Dieser Prozess wird so lange fortgesetzt, bis es nur noch die Gesamtgruppe gibt, die sich dann auf drei gemeinsame Merkmale, z. B. für den Begriff „Team" verständigt.
Die drei Begriffe werden im Raum für alle sichtbar ausgehängt.

Hinweis
Die Ergebnisse können auch nach der Arbeit in 4er- oder 8er-Gruppen im Plenum zusammengetragen und besprochen werden, falls die Gruppengröße oder die Zeit nicht ausreichend sind.

Turmbau (Kooperationsübung, Sitzung 5)

Material
je Gruppe wird benötigt:
- 12 Klebeetiketten ca. 2,5 x 4 cm
- 12 Strohhalme
- 10 handelsübliche Gummibänder
- 8 Büroklammern
- 2 DIN-A4-Blätter
- 2 Plastikbecher
- 1 leere Mineralwasserflasche aus Glas

Durchführung
Die Schüler/Teilnehmer werden in 3er- oder 4er-Gruppen aufgeteilt. Sie erhalten die Aufgabe, einen Turm aus den zur Verfügung gestellten Materialien – die für alle Gruppen gleich sind – zu bauen. Ziel ist es, nach Ablauf der vorgegebenen Bauzeit (ca. 20 Minuten), den höchsten Turm gebaut zu haben, der mindestens eine Minute frei steht.
Nach der Übung sollte sich eine Auswertung anschließen, in der reflektiert wird, wie die Aufgabe gelöst wurde, die Arbeit in der Gruppe aufgeteilt war, die Zusammenarbeit geklappt hat usw.

Spinnennetz (Kooperationsübung; Sitzung 5)

Material

2 höhenverstellbare Deckenstützen; bis zu 70 m elastische Gummischnüre, Seile, Wäscheleine, Wollgarn o. Ä.

Durchführung

Diese Übung eignet sich für eine Gruppengröße von acht bis 18 Personen. Sie lässt sich eher im Freien realisieren, kann aber auch in geschlossenen Räumen (Klassenraum, Turnhalle etc.) durchgeführt werden. Im Freien benötigt man dazu beispielsweise zwei nahe beieinander stehende Bäume, im Indoorbereich können praktischerweise zwei Deckenstützen genutzt werden. Mithilfe von Schnüren, Seilen, einer Wäscheleine und/oder Wollgarn wird im Vorfeld als **Vorbereitung** ein „Spinnennetz" zwischen zwei Bäumen/höhenverstellbaren Deckenstützen gespannt. Für den Aufbau werden vertikal in der Höhe von 40 cm, 120 cm und 210 cm drei Halteleinen befestigt. Zusätzlich werden zwei Diagonalen zwischen die Pfosten gespannt, die mit der mittleren Schnur verknüpft werden. Durch das Hinzufügen zusätzlicher Schnüre entsteht das Spinnennetz. Es sollte so viele Felder aufweisen, wie es Teilnehmer gibt. Die nachstehende Abbildung zeigt ein Spinnennetz mit 18 Feldern für 18 Personen.

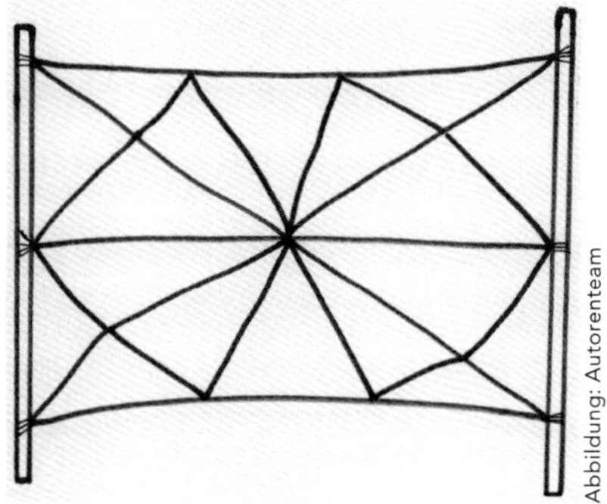

Abbildung: Autorenteam

Zu Beginn der Übung kann die Leitung eine **Vorgeschichte** erzählen: *Alle Schüler/Teilnehmer stellen sich z. B. vor, mit dem Hobbit Frodo Beutlin den Pass über den Ephel Dúath, jenes Gebirge, das Gondor und Mordor trennt, zu durchqueren. An diesem Ort hat die Spinne Kankra an der schmalsten Stelle ein Netz quer über den Wanderpfad gespannt, um auf Opfer zu warten. Es gibt nur den einen Weg, das Netz muss also überwunden werden. Dabei müssen alle aufpassen, damit nicht die Spinnenfäden berührt werden und Kankra erwacht.*

Die Aufgabe der gesamten Gruppe ist es nun, alle Gruppenmitglieder so durch die einzelnen Felder des Spinnennetzes zu transportieren (klettern, schieben, tragen, heben etc.), dass diese das Netz nicht berühren. Jedes Feld darf nur einmal genutzt werden und wird daher nach dem Passieren eines Schülers/Jugendlichen sichtbar mit einem Wollfaden verschlossen. Berührt eine Person das Netz, müssen entweder alle Gruppenmitglieder auf die Ausgangsseite zurück und von vorn beginnen oder die Person, die das Netz berührt hat, muss einen neuen Versuch unternehmen.

Für die Lösung dieser Aufgabe steht der Gruppe ein Zeitkontingent von 60 Minuten zur Verfügung.

Hinweise

→ Bei dieser Aufgabe steht die Kooperationsfähigkeit im Mittelpunkt. Die Gruppenmitglieder können bei dieser Übung lernen, dass kooperatives Handeln – hier das planmäßige Vorgehen in der Gruppe – zum Ziel führt. Nicht abgesprochene Einzelaktionen stellen sich nämlich im Verlauf der Übung häufig als wenig erfolgreich heraus.

→ Unter dem Begriff „Easy Spider" gibt es eine fertig produzierte Variante des Spinnennetzes in einer transportablen Version käuflich zu erwerben. Mit etwas Übung ist das Netz leicht aufbaubar. Es ist in der Höhe von 180 bis 250 cm regulierbar, in der Breite von 250 bis 480 cm. Im Rahmen der praktischen Erprobung des sozialen Trainings haben die Autoren speziell mit dieser Variante gearbeitet.

Wende das Blatt! (Kooperationsübung, Sitzung 5)

Material
Silofolie

Durchführung
Eine Silofolie, umgangssprachlich auch „Siloplane" genannt, liegt mit der schwarzen Seite nach oben auf dem Boden. Sie ist so groß, dass alle Schüler/Teilnehmer gut darauf Platz zum Stehen haben. Die Gruppenmitglieder betreten die Plane.
Ziel des Spiels ist es, die Silofolie komplett auf die andere Seite zu drehen, ohne dass ein Schüler/Teilnehmer die Plane verlässt. Deshalb müssen alle Beteiligten darauf achten, dass sie mit den Füßen (oder anderen Körperteilen) nicht über die Plane hinausgelangen und den Boden berühren. Geschieht dies doch, beginnt das Spiel von vorn.

Hinweis
Silofolie eignet sich besonders gut für diese Übung, weil sie sehr reißfest ist, ggf. kann sie aber auch durch eine andere Folie oder Decke ersetzt werden.

Zollstockübung (Kooperationsübung, Sitzung 5)

Material
Zollstock oder ca. 2 m langer Stab

Durchführung
Die Schüler/Teilnehmer stellen sich in zwei gleich langen Reihen gegenüber auf. Die Arme werden angewinkelt und die Zeigefinger ausgestreckt – immer abwechselnd ein Finger aus jeder Reihe. Der Zollstock oder Stab wird auf die Finger gelegt.
Die Schüler/Teilnehmer legen nun den Stab gemeinsam auf den Boden. Dabei müssen immer alle Finger den Stab berühren. Fällt der Stab herunter, beginnt die Übung von vorn. Abschließend geben die Schüler/Teilnehmer eine kurze Rückmeldung im Plenum zu den Erfahrungen mit der Übung.

Hinweis
Erst wenn die Gruppe miteinander kommuniziert und ihr Vorhaben abstimmt, gelingt es in der Regel, den Zollstock/Stab auf den Boden zu legen.

Das Brötchenspiel (Kommunikationsübung, Sitzung 6)

Material
1 Brötchen, 1 Messer, Butter, 1 Stück Käse oder etwas Marmelade

Durchführung
Die Leitung übernimmt im folgenden Rollenspiel die Rolle eines Marsmenschen, der vor wenigen Augenblicken im Raum gelandet ist. Die Leitung erläutert folgende **Ausgangslage**: *„Stellt euch vor, ich bin ein Marsmensch, der gerade hier in der Gruppe angekommen ist. Da ich von der langen Reise großen Hunger habe, habt ihr mir ein Frühstück zurechtgelegt. Leider habe ich das Problem, dass ich nicht weiß, wie ich mit den Dingen umgehen soll. Seid bitte so nett und erklärt mir, wie ich das Frühstück einnehmen kann".*
Aufgabe für die Schüler/Teilnehmer ist es nun, die Anweisungen so konkret wie möglich zu geben, dass der Marsmensch die Frühstücksbestandteile ordnungsgemäß nutzen kann. Alle Anweisungen werden von dem Marsmenschen wortwörtlich durchgeführt. Besteht dabei die Möglichkeit, Fehler zu machen, sollten diese auch tatsächlich gemacht werden.

Beispiele
- ➜ Bei der Aufforderung „Nimm das Messer in die Hand" fasst der Alien das Messer am falschen Ende an oder legt es sich auf die flache Hand.
- ➜ Wenn gesagt wird „Schneide das Brötchen in zwei Teile", trennt der Marsmensch nur ein kleines Stück Brötchen am Ende des Laibs ab.
- ➜ Wenn es heißt „Streiche die Butter auf das Brötchen", bestreicht der Außerirdische die falsche Seite.

Der Fantasie sind bei dieser Übung keine Grenzen gesetzt.

Die Übung ist beendet, wenn möglichst alle Teilnehmer dem Marsmenschen Instruktionen gegeben haben und dieser genüsslich in das Brötchen beißt.

Abschließend geben die Gruppenmitglieder eine kurze **Rückmeldung** im Plenum zu den Erfahrungen mit der Übung. Fragestellungen können sein:
- ➜ „Warum ist es zu Missverständnissen gekommen?"
- ➜ „Welche Folgen ergeben sich aus Missverständnissen?"
- ➜ „Kennt ihr Situationen aus eurem Alltag, bei denen es zu Missverständnissen kommt?"
- ➜ „Wie könnt ihr vermeiden, dass solche Missverständnisse passieren?"

Hinweis
Bei dieser Übung ist zu beachten, dass der Marsmensch nicht sprechen darf und die Anweisungen und Erklärungen der Gruppenmitglieder nur verbal erfolgen. Sie dürfen dem Marsmenschen also nicht zeigen, was er tun soll.

Was sagt diese Körperhaltung aus? (Übung zur Körpersprache, Sitzung 7)

Material
Fotos von einer Person in unterschiedlicher Körperhaltung und Gesichtsausdrücken (Kopiervorlage S. 88/89)

Durchführung
Mehrere Fotos, auf denen eine Person in verschiedenen Körperhaltungen und mit unterschiedlichen Gesichtsausdrücken dargestellt ist, werden verdeckt auf den Boden gelegt. Der Leiter nimmt ein Foto auf und zeigt es den Schülern/Teilnehmern. Ihre Aufgabe ist es, die gezeigte Körperhaltung einzunehmen und ihre damit verbundene Empfindung zu benennen. Die für das Foto angegebene Körperhaltung (fröhlich, wütend, skeptisch etc.) wird dann mit den Empfindungen der Gruppe verglichen. Danach wird ein weiteres Foto umgedreht und den Schülern/Teilnehmern gezeigt usw.

Körpersprache deuten (Gruppenübung, Sitzung 7)

Material
Karten mit je einem Gefühl darauf (Kopiervorlage S. 90)

Durchführung
Die Schüler/Teilnehmer sitzen im Stuhlkreis. Die Leitung hat Gefühle und Stimmungen auf Karten verschriftlicht, die sie verdeckt in die Gruppenmitte legt.

Beispiele
Angst, Freude, Empörung, Entspannung, Stolz, Traurigkeit, Hass, Anspannung, Jubel, Melancholie, Wut, Zufriedenheit usw.

Ein Schüler/Teilnehmer steht auf, geht in die Gruppenmitte und zieht eine Karte. Seine Aufgabe ist es nun, das auf der Karte benannte Gefühl bzw. die benannte Stimmung nonverbal darzustellen.

Beispiele – Fortsetzung
Umsetzung von Wut:
➜ geballte Fäuste
➜ mit den Füßen auf die Erde stampfen
➜ grimmig verzerrtes Gesicht

Die anderen Schüler/Teilnehmer schauen sich die Darstellung an, übernehmen die gezeigte Haltung und benennen dann das Gefühl, welches sie damit verbinden. Dabei werden sie die Erfahrung machen, dass jeder einen „eigenen Filter" in der Wahrnehmung hat, wodurch Körperhaltungen unterschiedlich interpretiert werden.
Die unterschiedlichen Bewertungen werden diskutiert.

Erleben in verschiedenen Rollen (Rollenspielübung, Sitzung 8)

Material
Rollen- und Situationskarten (Kopiervorlage S. 91/92)

Durchführung
Die Schüler/Teilnehmer sitzen im Stuhlkreis. Die Leitung legt die vorbereiteten Rollen- und Situationskarten verdeckt in die Mitte. Sie bestimmt nun zwei Personen (A und B), die nebeneinandersitzen. Teilnehmer A zieht eine Rollenkarte, z. B. Chef, Freund, Vater etc. Teilnehmer B zieht eine Situationskarte, z. B. Begrüßung, Entschuldigung usw. Teilnehmer A zeigt allen Anwesenden die gezogene Rollenkarte. Teilnehmer B soll als Person (er selbst) in der angegebenen Situation auf sein Gegenüber (z. B. Begrüßung des Chefs) reagieren. Diese Rollenvorgabe wird im Rahmen einer Spielsequenz umgesetzt.
Nach Beendigung der Sequenz zieht nun Teilnehmer B eine Rollenkarte. Sein nächster Nachbar zieht eine Situationskarte und das nächste Rollenspiel folgt. In dieser Weise geht es weiter, bis alle Teilnehmer jeweils in der eigenen und der fremden Rolle agiert haben.

Abschließend geben die Gruppenmitglieder eine kurze Rückmeldung im Plenum zu den Erfahrungen mit der Übung.

Hinweis
Hilfreich ist es, wenn die Leitung eine erste Szene exemplarisch vorspielt.

Angemessenes Verhalten (Rollenspielübung, Sitzung 8)

Material
Situations- und Verhaltenskarten (Kopiervorlage S. 93/94)

Durchführung
Es werden Kleingruppen mit je drei Personen gebildet. Jede Gruppe erhält mehrere Situationskarten, z. B. Vorstellungsgespräch, Streitgespräch mit Eltern etc. und Verhaltenskarten, z. B. „Ich bin ordentlich gekleidet", „Ich habe ein Käppi auf" etc. Die Schüler/Teilnehmer müssen nun aus den vorgegebenen Verhaltensweisen diejenigen auswählen, von denen sie glauben, dass sie zu der Situation passen. Anschließend spielen zwei Gruppenteilnehmer die Situation vor und die Schüler/Teilnehmer benehmen sich in der jeweiligen Situation gemäß der gewählten Verhaltenskarte. Die nicht an der Kommunikation beteiligte Person übernimmt die Rolle des Beobachters. Abschließend werden die Rollenspiele in der Gesamtgruppe ausgewertet.

Hinweis
Die Rollenspiele selbst sollen nicht länger als 60 Sekunden dauern. Danach wechseln die Beteiligten die Rollen, sodass innerhalb von fünf Minuten jedes Mitglied der Kleingruppe jede Rolle einmal ausgefüllt hat.

Alle, die … (Gruppenübung, Sitzung 9)

Material

–

Durchführung

Die Schüler/Teilnehmer sitzen im Kreis. Die Leiter geben einen Aussagesatz vor, der mit „Es stehen alle auf, die …" anfängt. Die Schüler/Teilnehmer, auf die der Satz zutrifft, stellen sich dann kurz hin.

Beispiel

Thema „Gewalt": „Es stehen alle auf, die …

- ➜ glauben, dass Konflikte wichtig im Zusammenleben sind."
- ➜ schon einmal Gewalt ausgeübt haben."
- ➜ schon einmal gelogen haben."
- ➜ etc.

Mit dieser Übung wird sichtbar, welche Erfahrungen einzelne Schüler/Teilnehmer sowie die Klasse/Gruppe mit einem Thema gemacht haben.

Emotionskette (Gruppenübung, Sitzung 10)

Material

Karten mit Gefühlen (Kopiervorlagen S. 90)

Durchführung

Die Leitung bereitet Karten vor, auf denen Gefühle, wie Wut, Trauer, Freude etc., benannt sind. Die Schüler/Teilnehmer bilden eine Reihe im Raum und stehen mit dem Gesicht in eine Richtung.

Der Schüler/Teilnehmer, der an letzter Stelle steht, zieht eine Gefühlskarte (z. B. Freude). Er tippt seinem Vordermann auf die Schulter, was für diesen das Zeichen ist, sich umzudrehen. Nun stellt der Schüler/Teilnehmer dem Vordermann das Gefühl auf seiner Karte pantomimisch dar. Daraufhin dreht sich dieser wieder nach vorn, tippt dem nächsten Vordermann auf die Schulter und gibt den gesehenen Vorgang weiter, etc. Der Vorderste in der Reihe muss letztlich sagen, um welches Gefühl es sich handeln könnte.

Der Vorgang wird mit weiteren Gefühlskarten wiederholt.

Hinweis

Wenn die Klasse/Gruppe zu groß ist, können auch zwei Reihen gebildet werden, die dann separat voneinander spielen.

Bilder und Gefühle (Assoziationsübung, Sitzung 10)

Material

möglichst viele Karten mit unterschiedlichen Bildmotiven (Landschaften, Personen, Farben etc.)

Durchführung

Die Leitung legt offen eine Vielzahl von Bildmotiven aus. Die Schüler/Teilnehmer wählen aus den verschiedenen Karten ein Bild aus, das sie aktuell anspricht. Die Leitung fordert sie nun auf, kurz zu benennen,

- warum der einzelne Schüler/Teilnehmer sich für dieses Bild entschieden hat und
- welches Gefühl das gewählte Bild bei jedem auslöst.

Zukunftsplanung (angeleitete Gedankenreise, Sitzung 14)

Material

Karteikarten (1 je Schüler/Teilnehmer), Stifte

Durchführung

Die angeleitete Gedankenreise ermöglicht, ähnlich wie die Fantasiereise, eine Selbstzentrierung auf die eigene Person. Stellt sich das Bewusstsein der Schüler/Teilnehmer auf die durch die Leitung vorgegebenen Bilder ein, kann ein Entspannungszustand erreicht werden, der Zeit und Gelegenheit gibt, eigene Bilder und Ideen entstehen zu lassen.

Die Leitung fordert die Schüler/Teilnehmer auf, sich möglichst entspannt auf ihren Stuhl zu setzen, um gut sieben Minuten mit geschlossenen Augen den Anweisungen ihrer Stimme zu folgen. Begonnen wird mit einer Übung zur Körperentspannung, damit sich die Schüler/Teilnehmer möglichst intensiv auf die weiteren Anweisungen einlassen. Die Leitung spricht langsam die Sätze des ersten Teils der Anleitung. Nach jedem Satz räumt sie Pausenzeiten zwischen den Anweisungen ein. Danach beginnt der inhaltliche Teil, indem die Leitung die Gedankenreise mit dem zweiten Teil der Anleitung weiterführt.

Am Schluss notieren sich die Schüler/Teilnehmer ein Ziel, das ggf. in der Klasse/Gruppe besprochen wird.

Anleitung

Teil 1

- „Setze dich bequem auf deinen Stuhl …"
- „Werde ruhig, indem du bewusst langsam atmest …"
- „Schließe deine Augen …"
- „Konzentriere dich auf deinen Körper …"
- „Versuche, ganz bei dir zu bleiben …"

Teil 2

- „Du bist jetzt schon ganz oft hier in diesem Raum gewesen …"
- „Du bist mit vielen Themen in Berührung gekommen, wie Gefühlen, Kommunikation, Teamfähigkeit …"
- „Du hast Erfahrungen gesammelt …"
- „Du hast über deine aktuelle Lebenssituation nachgedacht …"
- „Nun sollst du dich mit deiner nahen Zukunft beschäftigen …"
- „Gibt es für dich einen Wunsch nach Veränderung, ein Ziel im privaten oder beruflichen Bereich, welches du erreichen möchtest? Denke kurz darüber nach, bis du es erkennen kannst …"
- „Wenn du ein Ziel für dich gefunden hast, dann gib ihm einen Namen und behalte es in deinen Gedanken …"
- „Jetzt öffne deine Augen wieder …"
- „Bleibe aber weiter bei dir und rede nicht mit den anderen …"
- „Nimm dir jetzt eine Karteikarte aus der Mitte des Stuhlkreises …"
- „Schreibe dein Ziel auf …"

Konzentrationsübungen

Klatschkreis (Kreisübung, Sitzung 1)

Material

–

Durchführung

Alle Schüler/Teilnehmer, einschließlich der Leitung, stehen im Kreis. Ein Leiter startet die Übung, indem er sich dem rechten Nebenmann zuwendet und ihm einmal mit den Händen zuklatscht.
Nun dreht sich diese Person zu seinem Nachbarn auf der rechten Seite und klatscht diesem zu. Dieser gibt das „Klatschen" dann ebenso weiter.
Wenn sich das Klatschen eingespielt hat, kann eine zweite Stufe eingeführt werden: Durch Doppelklatschen wird die Richtung verändert: Das Klatschen läuft nach links weiter.

> **Hinweis**
> Bei dem Spiel kommt es auf Schnelligkeit und Konzentration an.

Ballsalat (Kreisübung, Sitzung 1)

Material

2–4 kleine, unterschiedlich farbige Stoffbälle o. Ä.

Durchführung

Die Schüler/Teilnehmer, einschließlich der Leitung, stehen im Kreis.
In der **Phase 1** nennt jeder eine Frucht (Banane, Kiwi, Erdbeere etc., Doppelnennungen sind nicht erlaubt), die ab jetzt für seine Person steht. Der Leiter beginnt das Spiel, indem er einem Gruppenmitglied einen kleinen Ball zuwirft und dabei dessen „Obstnamen" ruft. Dieser Schüler/Teilnehmer fängt den Ball, wirft ihn dann ebenfalls zu einem anderen Gruppenmitglied und ruft dabei dessen „Obstnamen" usw. Jeder darf nur einmal den Ball fangen.
Zum Schluss kehrt der Ball zum Leiter zurück.
Wenn das Zuwerfen in der in Phase 1 festgelegten Reihenfolge mit dem Nennen der Früchtenamen reibungslos funktioniert, wird in **Phase 2** nach dem gleichen Muster eine Farbe eingeführt: Jeder Teilnehmer wählt für sich eine Farbe. Der Leiter hält den ersten Ball fest und bringt einen zweiten ins Spiel. Er wirft ihn zu einem Mitspieler und nennt dessen Farbe.
Wichtig ist dabei, dass die einzelnen Gruppenmitglieder den Ball zu einer anderen Person werfen als in der Phase 1. Abschließend landet der Ball wieder beim Leiter.
In **Phase 3** sind nun zwei Bälle im Spiel. Der Leiter beginnt. Er schaut seine erste Zielperson an, ruft deren Obstnamen, muss sich vergewissern, dass diese das auch registriert hat, und wirft gezielt den Ball. Dann bringt der Leiter den zweiten Ball mit der Farbe ins Spiel: Er wirft ihn nach der gleichen Vorgabe zu der zweiten Zielperson. Die beiden aufgerufenen Mitspieler fangen jeweils ihren Ball und werfen ihn weiter. Werfen, ohne dass der Fänger bereitsteht, ist nicht erlaubt. Nun achten die Schüler/Teilnehmer darauf, dass ein korrekter Ablauf erfolgt und eine möglichst große Schnelligkeit entwickelt wird. Kommt es zu Unterbrechungen, weil z. B. ein Ball herunterfällt, muss die Übung neu gestartet werden.

> **Hinweis**
> Für ganz geübte Gruppen kann man noch ein drittes und viertes Element (z. B. Name, Tier) einfügen.

Imaginäre Bälle (Kreisübung, Sitzung 1)

Material

–

Durchführung

Die Schüler/Teilnehmer stehen im Kreis. Der Leiter fordert ein Gruppenmitglied auf, einem anderen Schüler/Teilnehmer pantomimisch einen Ball (z. B. einen Tennisball, dessen Größe, Gewicht und Eigenschaften er pantomimisch darstellt) zuzuwerfen. Dieser muss den Ball ebenfalls pantomimisch auffangen. Er gibt dann dem Ball eine andere Form und ein anderes Gewicht (z. B. Medizinball) und wirft ihn dem nächsten Gruppenmitglied zu. Pantomimisch können die Bälle auch anders zugespielt werden: schlagen (Federball), zuschießen (Fußball), rollen (Kegelkugel) etc.

Bälle fangen (Kreisübung, Sitzung 1)

Material

2–8 unterschiedliche Bälle (je nach Gruppengröße)

Durchführung

Die Schüler/Teilnehmer, inklusive der Leitung, stehen im Kreis. Der Leiter wirft einen Ball zu einem Gruppenmitglied, das den Ball auffangen muss, ohne dass er zu Boden fällt. Dann wirft dieser den Ball dem nächsten Schüler/Teilnehmer so zu, dass er den Ball fangen und anschließend weiterwerfen kann usw. Ausgeschlossen ist dabei, dass der direkte Nebenmann den Ball erhält. Um die Konzentration des Einzelnen zu erhöhen, ruft der Werfende den Namen des Fangenden. Alle Schüler/Teilnehmer müssen sich genau merken, von wem sie den Ball bekommen haben und an wen sie ihn weiterwerfen müssen (die Reihenfolge ändert sich im Laufe der Übung nicht). Schließlich kommt der Ball am Ausgangspunkt (Leitung) wieder an.
Es werden nun einige Proberunden gestartet, bis der Ablauf verinnerlicht ist und eine komplette Runde gespielt wurde, ohne dass der Ball den Boden berührt hat. Dabei zählt der Leiter die einzelnen Fangstationen ohne Ballverlust.
Der Schwierigkeitsgrad dieser Konzentrationsübung wird nun durch die Hereinnahme weiterer Bälle erhöht. Die Leitung nimmt dazu unterschiedlich geformte Bälle mit in die Übung auf (Knautschball, Vollgummiball, Wollknäuel, Igelball etc.) und wirft sie in einigem Abstand jeweils „seinem" Fänger zu. Nun sind zwei Bälle auf den gleichen Wegen unterwegs. Erhöhte Aufmerksamkeit und Konzentration sind erforderlich, um zu verhindern, dass ein Ball den Boden berührt. Läuft das Werfen auch mit zwei Bällen gut, bringt die Leitung einen weiteren Ball mit ins Spiel usw.

Abschließend geben die Gruppenmitglieder eine kurze Rückmeldung im Plenum zu den Erfahrungen mit der Übung.

Konzentration auf den Punkt (Kreisübung, Sitzung 2)

Material

Gegenstand für die Mitte des Stuhlkreises (z. B. Karteikarte, Knautschball o. Ä.)

Durchführung

Die Gruppe sitzt im Kreis und alle Schüler/Teilnehmer richten ihren Blick ausschließlich auf einen Gegenstand, der in der Mitte des Kreises aufgestellt ist (z. B. ein Materialkoffer). Die Schüler/Teilnehmer dürfen keinen Blickkontakt zueinander haben.

Die Leitung beginnt eine Zahlenreihe mit der Zahl eins. Die Reihe wird dann von den anderen Gruppenmitgliedern spontan fortgeführt. Aufgabe der Klasse/Gruppe ist es, dass die Zahlenreihe bis zu einer zuvor festgelegten Grenze (z. B. die Zahl zehn) erreicht wird, ohne dass Schüler/Teilnehmer eine Zahl gleichzeitig nennen. Kommt es zur „Kollision", d. h., mehrere Personen nennen gleichzeitig die nächste Zahl, muss wieder bei Eins begonnen werden.

Zisch, Boing, Peng (Kreisübung, Sitzung 2)

Material

–

Durchführung

Die Schüler/Teilnehmer stehen, gemeinsam mit der Leitung, im Kreis mit etwas Abstand zueinander. Die Leitung erklärt drei Begriffe, die im Spiel vorkommen, sowie die dazugehörige Aussprache und Körperbewegungen:

- → **Zisch:** Ein Zischlaut wird ausgestoßen in Verbindung mit einer kleinen wegschiebenden Handbewegung, so, als ob man etwas in Zeitlupe wegwirft.
- → **Boing:** Das Wort wird ausgesprochen in Verbindung mit einer Hände- und Körperbewegung, als ob man etwas Schweres von sich wegstößt (z. B. Medizinball).
- → **Peng:** Der Ausspruch ist laut und peitschenähnlich wie ein Schuss. Er findet in Verbindung mit dem Vorstrecken eines Armes statt, wobei der Zeigefinger ausgestreckt und der Daumen hochgehalten wird.

Die Übung beginnt damit, dass ein Schüler/Teilnehmer eine „Geräuschbewegung" an ein anderes Gruppenmitglied im Kreis weiterreicht. Das „Zisch" darf dabei nur rechts oder links an den direkten Nachbarn weitergeleitet werden. Das „Boing" und das „Peng" dürfen auch quer durch den Raum geschickt werden. Der so Angesprochene kann dann einen anderen Schüler/Teilnehmer mit einem „Zisch", „Boing" oder „Peng" ansprechen oder die „Geräuschbewegung" auch direkt wieder an die Person zurückgeben, von der er sie erhalten hat. Ereignet sich ein Fehler, weil z. B. jemand nicht aufmerksam ist und seine Ansprache verpasst, fängt der Leiter wieder von vorn an.

Hinweis

Sinnvoll ist es, zur Übung die einzelnen Begriffe der Reihe nach einzuführen.

Kraft der Gedanken (Imaginationsübung, Sitzung 14)

Material

–

Durchführung

Die Schüler/Teilnehmer suchen sich eine Stelle im Raum, die ihnen genügend Platz bietet, um mit ausgebreiteten Armen keine der anderen Teilnehmer zu berühren. Hat jeder einen Platz gefunden, beginnt die Leitung, die folgenden Anweisungen zu geben

In **Phase 1** führen die Schüler/Teilnehmer die Anweisungen aus:
„Stehe still auf deinem Platz, etwas im Kniebereich entlastet. – Deine Arme befinden sich senkrecht an der Hosennaht. – Hebe den rechten Arm und strecke ihn waagerecht nach vorn vom Körper weg. – Stelle dabei den Daumen senkrecht. – Konzentriere dich auf den Daumen. – Drehe den Arm jetzt so weit, wie es geht, nach rechts. – Verfolge mit den Augen die Daumenspitze. – Merke dir die Stelle, wie weit du gekommen bist. – Bringe den Arm wieder zurück in die waagerechte Ausgangsstellung. – Lege die Hand zurück an die Hosennaht."

In **Phase 2** schließen die Schüler/Teilnehmer die Augen, hören auf die Anweisungen und stellen sich alles nur vor.
„Stehe still auf deinem Platz, etwas im Kniebereich entlastet. – Deine Arme befinden sich senkrecht an der Hosennaht. – Hebe den rechten Arm und strecke ihn waagerecht nach vorn vom Körper weg. – Stelle dabei den Daumen senkrecht. – Konzentriere dich auf den Daumen. – Drehe den Arm jetzt so weit nach rechts, wie es gerade bei der praktischen Übung ging. – Drehe nun den Arm weiter, über die Stelle hinaus. – Es geht ganz leicht. – Du kommst mit deinem Arm problemlos weit über die Stelle hinaus. – Und noch viel weiter. – Ganz einfach … – Wenn es nicht mehr weitergeht, bringe den Arm wieder zurück in die waagerechte Ausgangsstellung. – Lege die Hand zurück an die Hosennaht."

Zum Abschluss findet eine kurze Erholung statt: „Öffne deine Augen, schüttele Arme und Beine aus."

In **Phase 3** führen die Schüler/Teilnehmer die Anweisungen aus der Phase 2 praktisch aus.
„Stehe still und mit offenen Augen auf deinem Platz, etwas im Kniebereich entlastet. – Deine Arme befinden sich senkrecht an der Hosennaht. – Hebe den rechten Arm und strecke ihn waagerecht nach vorn vom Körper weg. – Stelle dabei den Daumen senkrecht. – Konzentriere dich auf den Daumen. – Drehe den Arm jetzt so weit nach rechts, wie es gerade bei der praktischen Übung ging. – Drehe nun den Arm weiter, über die Stelle hinaus. – Es geht ganz leicht. – Du kommst mit deinem Arm problemlos weit über die Stelle hinaus. – Und noch viel weiter. – Ganz einfach … – Wenn es nicht mehr weitergeht, merke dir die Stelle und bringe den Arm wieder zurück in die waagerechte Ausgangsstellung. – Lege die Hand zurück an die Hosennaht."

Abschließend geben die Gruppenmitglieder eine kurze Rückmeldung im Plenum zu den Erfahrungen während der Übung.
Der erreichte zweite Endpunkt liegt dabei fast immer weit über dem Endpunkt aus Phase 1.

Hinweis

Ziel der Aufgabe ist es, festzustellen, dass man seine eigenen Möglichkeiten erweitern kann, wenn man sich etwas fest vornimmt.

Abschlussübungen

Blitzlicht (Befindlichkeitsübung, Sitzung 1, 2, 3, 5, 8, 9, 11, 12, 14)

Material

–

Durchführung

Das Blitzlicht ist eine gruppendynamische Übung. Sie ermöglicht der Leitung, sich einen Überblick zu verschaffen, wie sich die Stimmungslage in der Gruppe darstellt und wo der Einzelne in der Gruppe steht.
Die Schüler/Teilnehmer sitzen im Stuhlkreis zusammen. Die Leitung stellt eine Frage, zu der sich die Gruppenmitglieder – wie bei einer Momentaufnahme – kurz und spontan äußern. Dazu beantworten sie einzeln nacheinander die gestellte Frage. Eine Kritik bzw. Diskussion der einzelnen Beiträge unterbleibt. Verständnisfragen sind erlaubt.

Beispiele

Blitzlichtfragen …

zum Trainingsbeginn:

- ➜ „Wie bist du hier angekommen?"
- ➜ „Was für Erwartungen hast du an die Gruppe?"

zum aktuellen Befinden:

- ➜ „Wie ist dein momentanes Gefühl?"
- ➜ „Wer oder was stört dich hier?"

zum Sitzungsende:

- ➜ „Was nimmst du aus der aktuellen Sitzung mit?"
- ➜ „Wie geht es dir am Ende der heutigen Sitzungseinheit?"

Ampelcheck (Rückmeldungsübung, Sitzung 4)

Material

1 rote, grüne und gelbe Karte pro Schüler/Teilnehmer

Durchführung

Ziel der Übung ist es, festzustellen, wie es den einzelnen Schülern/Teilnehmern in der zurückliegenden Sitzung ergangen ist und wie sich die Stimmung in der Klasse/Gruppe darstellt.
Die Schüler/Teilnehmer sitzen im Kreis zusammen. Sie haben jeweils drei Karten (eine rote, eine gelbe und eine grüne) zur Auswahl. Die grüne Karte steht für eine positive Befindlichkeit, die rote Karte für eine negative und die gelbe Karte für eine neutrale. Nacheinander hält jeder Schüler/Teilnehmer eine seiner Befindlichkeit entsprechende Karte hoch und sagt einen Satz hierzu: „Ich habe diese Karte gewählt, weil …".

Abschlussrunde mit Ich-Botschaften (Rückmeldungsübung, Sitzung 4, 6, 7)

Material

–

Durchführung

Die Schüler/Teilnehmer sitzen im Stuhlkreis. Die Leitung fordert nun die Gruppenmitglieder auf, die Sitzung in der nächsten Minute für sich Revue passieren zu lassen. Abschließend formuliert jeder Schüler/Teilnehmer, was für ihn das Wichtigste an dieser Sitzung war. Ritualisiert beginnt jedes Gruppenmitglied die Rückmeldung mit dem Satz: „Das Wichtigste an der heutigen Sitzung war für mich …"
Eine Diskussion oder Kritik an den einzelnen Äußerungen ist nicht vorgesehen.

Hinweis

Achten Sie darauf, dass die Schüler/Teilnehmer auch wirklich mit dem Satz beginnen, um so sicherzustellen, dass alle wirklich einen für ihn besonders bedeutenden Aspekt nennen und die Antwort nicht beliebig wird.

Fünf-Finger-Übung (Rückmeldungsübung, Sitzung 7)

Material

–

Durchführung

Die Schüler/Teilnehmer sitzen im Kreis. Jeder bekommt jetzt die Gelegenheit, zu der vorausgegangenen Sitzung seine Meinung zu sagen. Dazu werden Fingergesten genutzt, die jeweils für bestimmte Fragestellungen stehen.

Bedeutung der Finger:

- → **Daumen hoch** = „Was war gut?"
- → **Erhobener Zeigefinger** = „Worauf muss beim nächsten Mal geachtet werden?"
- → **Erhobener Mittelfinger** = „Was war nicht gut?"
- → **Erhobener Ringfinger** = „Was wünsche ich mir hier mehr?"
- → **Erhobener kleiner Finger** = „Was ist heute zu kurz gekommen?"

Hebt der Leiter also den Daumen hoch, gibt es eine kurze Rückmelderunde zur Fragestellung „Was war gut?", hebt er den kleinen Finger, gibt es eine Gesprächsrunde zum Thema „Was ist heute zu kurz gekommen?" usw. In der Runde äußert sich jeder Schüler/Teilnehmer kurz zu der Frage.

Abschlussausstellung (Auswertungsübung, Sitzung 15)

Material
1 Plakat (DIN-A1-Größe) für jede Sitzung, Stifte, Farben, Zeitungen, Zeitschriften, Klebstoff, Scheren

Durchführung
Im Raum wird für jede Sitzung ein unbeschriftetes Plakat (möglichst Flipchart-Größe) aufgehängt. Jedes Blatt trägt als Überschrift das Thema der jeweiligen Sitzung.
Die Schüler/Teilnehmer werden in Kleingruppen aufgeteilt. Jede Gruppe bekommt eine oder mehrere Sitzungen zugeordnet. Die Schüler/Teilnehmer sollen den inhaltlichen Ablauf der vorangegangenen, ihnen zugeteilten Sitzungen zusammentragen und auf den Plakaten festhalten. Das können sie entweder schriftlich oder in Form einer Collage tun. Dazu werden Farben, Stifte, Zeitungen, Klebstoff, Scheren zur Verfügung gestellt.
Hilfreiche Fragestellungen können für die Erarbeitung sein:
- „An welche Gruppeninhalte kannst du dich erinnern?"
- „Was hast du zu diesem Thema erfahren oder gelernt?"
- „Was war dabei für dich besonders wichtig oder neu?"

> **Hinweis**
> Bearbeitungszeit pro Plakat: ca. 3 Minuten; ergänzt bzw. ersetzt werden können die Einzelblätter durch bereits erarbeitete Wandzeitungen aus den Sitzungen.

Die Gruppen hängen ihre Ergebnisse wieder in der richtigen Reihenfolge an die Wand. Danach findet eine Begehung der Ausstellung mit allen Schülern/Teilnehmern statt, bei der dann gemeinsame Erinnerungen und Erfahrungen ausgetauscht werden können.
Als Abschluss der Ausstellungsbegehung bewerten die Schüler/Teilnehmer die einzelnen Sitzungen. Sie erhalten dazu Klebepunkte in den Farben rot, gelb und grün.

Bedeutung der Farben:
- rot = nicht gut
- gelb = neutral
- grün = gut

Pro Sitzung vergibt nun jeder Schüler/Teilnehmer einen Bewertungspunkt. Durch die Bepunktung ergibt sich ein Überblick über die Akzeptanz der einzelnen Sitzungen.

4 Kopiervorlagen

Inhaltlicher Überblick über die Kopiervorlagen

Thema	gehört zur Sitzung Nr.
Einverständniserklärung zur Teilnahme am sozialen Training (S. 87)	2
Fotokarten: Was sagt diese Körperhaltung aus? (S. 88) 8 Fotos von einer Person mit unterschiedlicher Gestik und Mimik	7
Karten: Stimmungen und Haltungen (S. 90) 12 Karten zu Stimmungen/Emotionen	7, 10
Karten: Erleben in verschiedenen Rollen (S. 91) ➜ 14 Rollenkarten ➜ 10 Situationskarten	8
Karten: Angemessenes Verhalten (S. 93) ➜ 8 Situationskarten ➜ 22 Verhaltenskarten	8
Konfliktlösungsstrategien: Plakat Eisbergmodell (S. 95)	9
Karten zu den vier Konfliktlösungsstrategien (S. 96)	9
Zum Verhalten in Konfliktsituationen ➜ Fragebogen (S. 100) ➜ Auswertung (S. 101)	9
Gefühle erleben in unterschiedlichen Rollen und Situationen ➜ Rollenspielkarten • Karten zum Bereich: „Recht durchsetzen" (S. 102) • Karten zum Bereich: „Beziehungen" (S. 106) • Karten zum Bereich „Um Sympathie werben" (S. 110) ➜ Auswertungsbogen zu den Rollenspielen (S. 114)	10
Analysebogen Entscheidungsfindung (S. 115)	13
Arbeitsblatt Ankersymbol (S. 116)	15
Ablaufplan für eine Sitzung (S. 117)	alle
Protokollbogen für eine Sitzung (S. 118)	alle
Beobachtungsbogen zu einem Teilnehmer (S. 119)	alle
Einzelauswertung am Ende des Trainings (S. 120)	alle
Teilnahmebescheinigung (S. 121)	15

Einverständniserklärung zur Teilnahme am sozialen Training

(Sitzung 2)

Einverständniserklärung

Hiermit verpflichte ich mich, am Trainingsprogramm „**Krass korrekt!**" regelmäßig teilzunehmen.

Ich werde die Gruppensitzungen nach meinen Möglichkeiten aktiv mitgestalten.

In Bezug auf das gesamte Gruppengeschehen verpflichte ich mich zur Verschwiegenheit gegenüber Dritten.

Die von der Gruppe erstellten Regeln und Vereinbarungen werde ich einhalten und achten.

....

Ort, Datum Unterschrift

Fotokarten: Was sagt diese Körperhaltung aus? (1/2)

(Sitzung 7)

Kopieren Sie die Karten (möglichst vergrößert), schneiden Sie sie aus und laminieren Sie sie. So können die Schüler/Teilnehmer sie gut sehen und die Karten sind haltbarer.

Übersicht der nachfolgenden Fotos

1: traurig, niedergeschlagen
2: fragend, nicht verstehend
3: abgewandt, beleidigt
4: nachdenklich, in sich gekehrt
5: abwehrend, auf Distanz halten
6: fröhlich, glücklich
7: aufmerksam, interessiert, neugierig
8: wütend, zornig
9: skeptisch, mistrauisch

© Verlag an der Ruhr | Autor*innen: U. Bomba, M. Gesch, C. Kersting, U. Schnafel | Abb. Fußzeile: Magnus Siemens | ISBN 978-3-8346-3063-6 | www.verlagruhr.de

Karten: Was sagt diese Körperhaltung aus? (2/2)

Abb. Fußzeile: Magnus Siemens | ISBN 978-3-8346-3063-6 | www.verlagruhr.de

Karten: Stimmungen und Haltungen

(Sitzung 7, 10)

Kopieren Sie die Karten (möglichst vergrößert und auf festes Papier), schneiden Sie sie aus und laminieren Sie sie. So können die Schüler/Teilnehmer sie gut sehen und die Karten sind haltbarer.

Angst	**Anspannung**
Empörung	**Entspannung**
Freude	**Hass**
Jubel	**Melancholie**
Stolz	**Traurigkeit**
Wut	**Zufriedenheit**

Karten: Erleben in verschiedenen Rollen (1/2)

(Sitzung 8)

Kopieren Sie die Karten (möglichst vergrößert und auf festes Papier), schneiden Sie sie aus und laminieren Sie sie. So können die Schüler/Teilnehmer sie gut sehen und die Karten sind haltbarer.

Rollenkarten

Vater	**Mutter**
Großmutter	**Freund/in**
Lehrer	**Schüler**
Chef	**Arzt**
Polizist	**Richter**
Bankberater	**Verkäufer**
Bewährungshelfer	**Schulsozialarbeiter**

Abb. Fußzeile: Magnus Siemens | ISBN 978-3-8346-3063-6 | www.verlagruhr.de

Karten: Erleben in verschiedenen Rollen (2/2)

Situationskarten

sich begrüßen	sich entschuldigen
sich Sorgen machen	sich ungerecht behandelt fühlen
Kritik äußern	sich verabschieden
um Hilfe bitten	um Rat fragen
etwas nicht verstanden haben	etwas zurückgeben

Karten: Angemessenes Verhalten (1/2)

(Sitzung 8)

Kopieren Sie die Karten (möglichst vergrößert und auf festes Papier), schneiden Sie sie aus und laminieren Sie sie. So können die Schüler/Teilnehmer sie gut sehen und die Karten sind haltbarer.

Situationskarten

Streitgespräch mit Eltern zum Thema Medien	**Klassenkonferenz nach Konflikt**
Gerichtsverhandlung (als Angeklagter)	**Gerichtsverhandlung (als Zeuge)**
Vorstellungsgespräch	**erster Arbeitstag**
beim ersten Date	**in der Disco**

Verhaltenskarten

Ich bin ordentlich gekleidet.	**Ich kaue Kaugummi.**
Ich habe ein Käppi auf.	**Ich sitze aufrecht.**

Karten: Angemessenes Verhalten (2/2)

Ich trage meine coolste Baggy Jeans.	Ich habe meine Kopfhörer noch im Ohr.
Ich sitze breitbeinig.	Ich kaue kein Kaugummi.
Ich habe meine Haare nicht gewaschen.	Ich komme frisch vom Friseur.
Meine Bewerbung habe ich zusammengefaltet in der Jackentasche.	Ich begrüße den Chef der Firma mit einem Handschlag.
Ich trage eine Sonnenbrille.	Ich trage ein Hemd.
Ich rede dazwischen.	Ich schalte mein Handy aus.
Ich mache Komplimente.	Ich werde im Gespräch laut.
Ich höre zu.	Ich komme pünktlich.
Ich bin kleinlaut.	Ich sitze zusammengekauert.

Abb. Fußzeile: Magnus Siemens | ISBN 978-3-8346-3063-6 | www.verlagruhr.de

Konfliktlösungsstrategien: Plakat Eisbergmodell

(Sitzung 9)

Kopieren Sie das Bild möglichst groß, sodass Sie es am Flipchart präsentieren können.

© Verlag an der Ruhr | Autor*innen: U. Bomba, M. Gesch, C. Kersting, U. Schnafel |
Abb. Fußzeile: Magnus Siemens; Eisberg/Pinguin: © Peter Helgers | ISBN 978-3-8346-3063-6 | www.verlagruhr.de

Karten zu den vier Konfliktlösungsstrategien (1/4)

(Sitzung 9)

Kopieren Sie die vier Karten, schneiden Sie sie aus und knicken Sie sie entlang der durchgezogene Linie, sodass der Erläuterungstext nicht zu sehen ist.

Durchsetzen

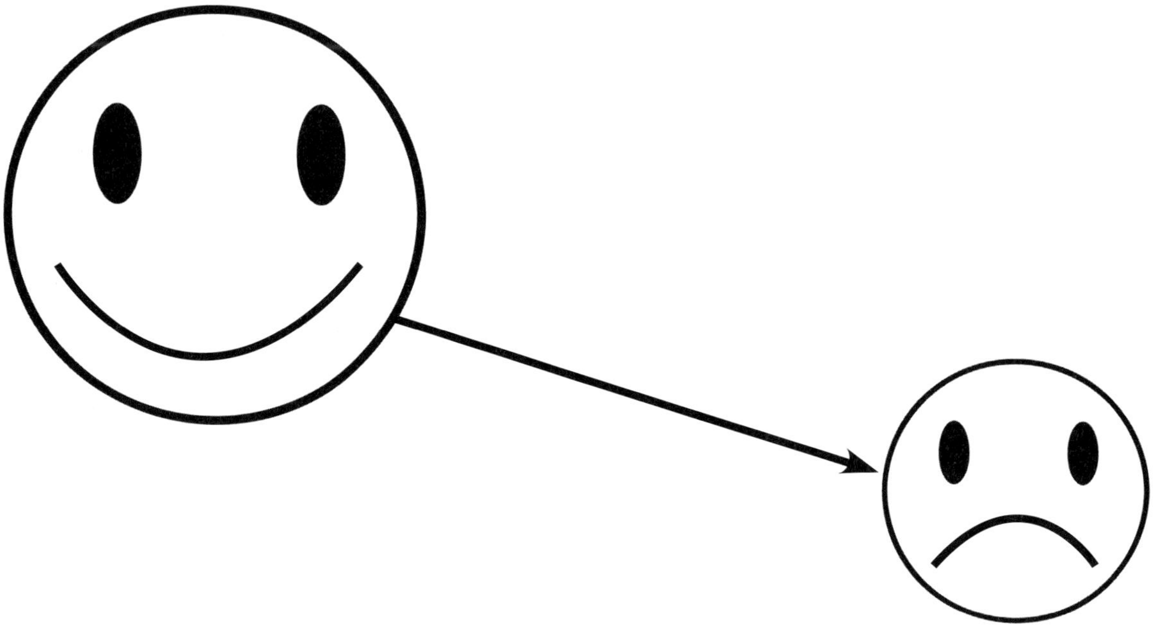

Smileys: © nezezon – Fotolia.com

Das Ziel durchzusetzen, bedeutet, den Erhalt der Beziehung zu riskieren!

Karten zu den vier Konfliktlösungsstrategien (2/4)

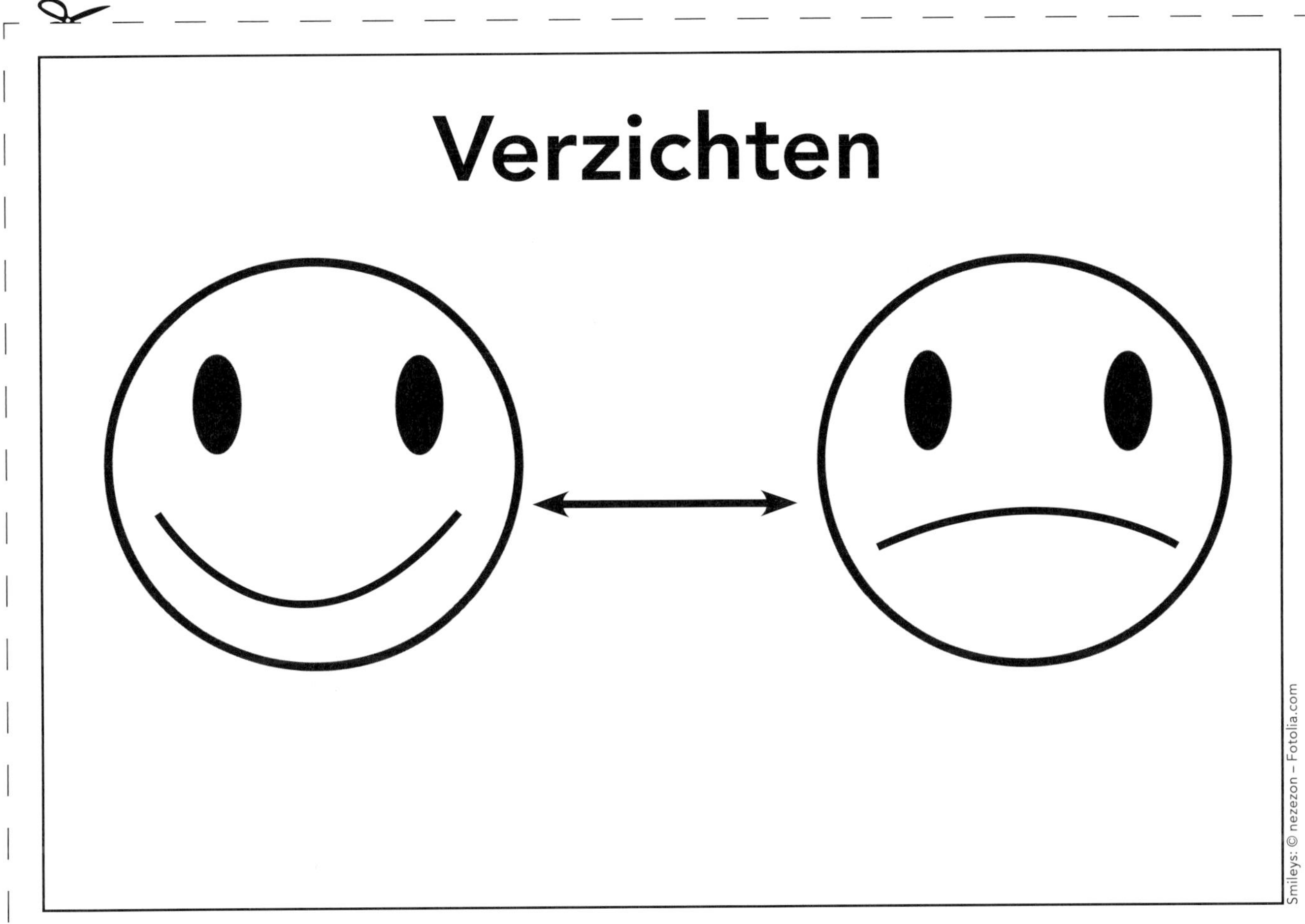

Smileys: © nezezon – Fotolia.com

**Das Ziel aufzugeben,
bedeutet,
die Beziehung
zu erhalten!**

Karten zu den vier Konfliktlösungsstrategien (3/4)

Smileys: © nezezon – Fotolia.com

Das Ziel, Lösungen zu entwickeln, bedeutet, die Beziehung zu verbessern!

Karten zu den vier Konfliktlösungsstrategien (4/4)

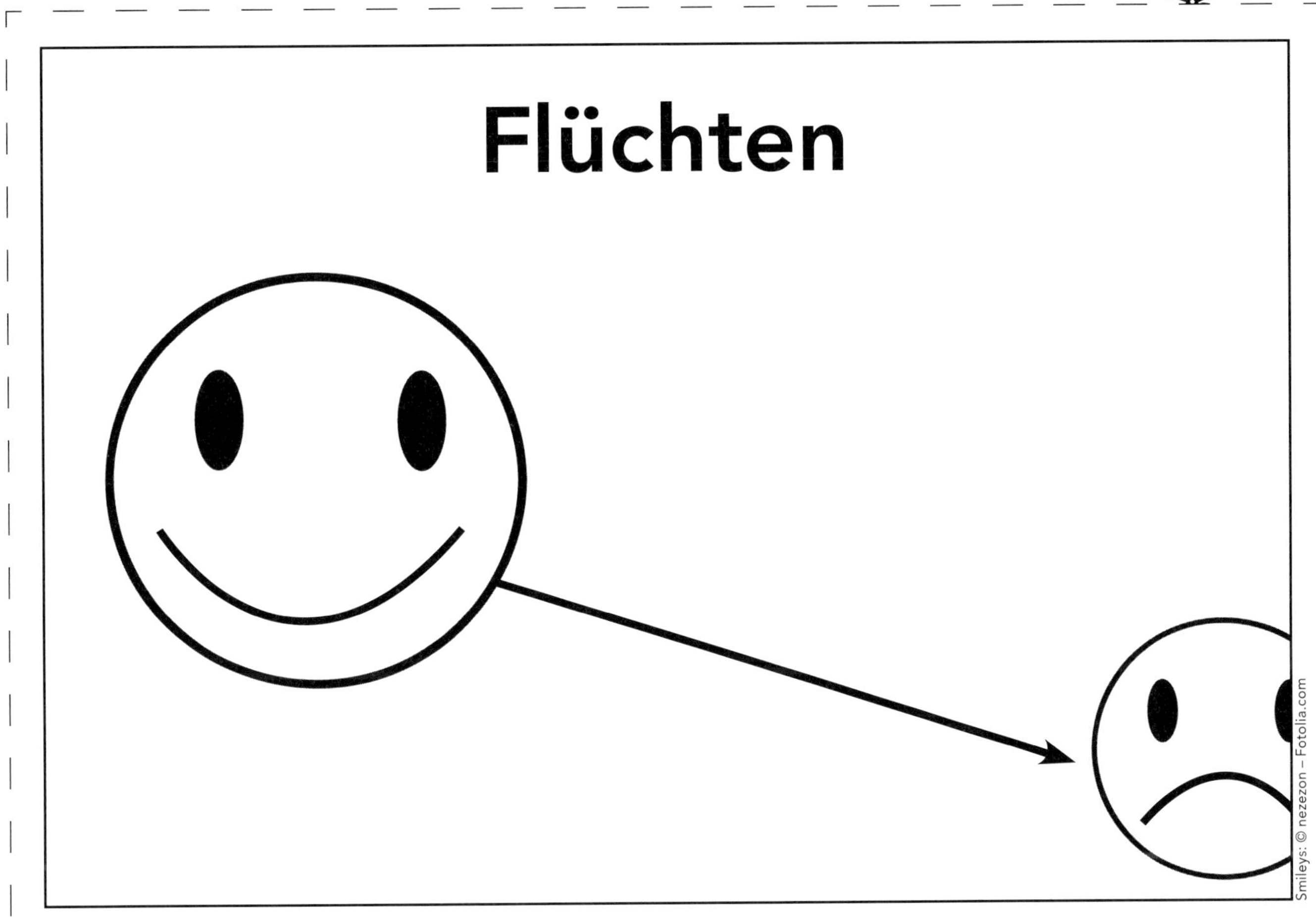

Das Ziel aufzugeben, bedeutet, die Beziehung aufzugeben!

Fragebogen: Zum Verhalten in Konfliktsituationen
(Sitzung 9)

Notiere hinter jeder Aussage im freien Feld, wie häufig diese für dich zu trifft.

- ➜ immer = 5
- ➜ meistens = 4
- ➜ oft = 3
- ➜ manchmal = 2
- ➜ selten = 1
- ➜ nie = 0

1	Ich versuche, die andere Konfliktpartei erst mal zu beruhigen.		V
2	Kommt Zeit, kommt Rat. Ich warte erst mal ab.		F
3	Jeder soll mal Recht bekommen.		K
4	Ich zeige der anderen Partei, was sie falsch macht.		D
5	Ich setze mein Interesse mit Überredungskunst durch.		D
6	Ich suche das Gespräch, um das Problem auszudiskutieren.		K
7	Ich vermeide den Kontakt mit dem anderen.		F
8	Soll der andere doch Recht behalten.		V
9	Mir geht es um mein gutes Recht.		D
10	Ich verhandle erst mal mit der anderen Seite.		K
11	Die Sache ist mit Humor einzurenken.		V
12	Dann verzichte ich halt.		V
13	Ich überlege, was beide Seiten zufriedenstellen könnte.		K
14	Ich lehne ein weiteres Gespräch über das Thema ab.		F
15	Ich gehe einen Kompromiss ein.		V
16	Ich versuche, den anderen zu verstehen.		K
17	Ich halte es für besser, von vornherein jeden Kontakt zu vermeiden.		F
18	Ich mache deutlich, welche negativen Folgen es für die andere Seite haben wird.		D
19	Der andere existiert für mich nicht mehr.		F
20	Es geht mir darum, meinen Standpunkt durchzusetzen.		D

Wie der Fragebogen ausgewertet wird, erfähst du später.
Die Auswertung des Fragebogens wird von dir selbst vorgenommen.
Die Auswertung wird nicht veröffentlicht. Nur du kennst dein Ergebnis.

Auswertung des Fragebogens

(Sitzung 9)

Beispiel für die Auswertung anhand der ersten sechs Zeilen des Fragebogens:

1	Ich versuche, die andere Konfliktpartei erst mal zu beruhigen.	5	V
2	Kommt Zeit, kommt Rat. Ich warte erst mal ab.	2	F
3	Jeder soll mal Recht haben.	3	K
4	Ich zeige der anderen Partei, was sie falsch macht.	0	D
5	Ich setze meine Interessen mit Überzeugungskunst durch.	1	D
6	Ich suche das Gespräch, um das Problem auszudiskutieren.	2	K

Die vier Buchstaben K, D, V und F stehen für vier verschiedene Verhaltensmöglichkeiten in Konfliktsituationen:

- ➜ K = Kompromisse schließen
- ➜ D = Durchsetzen
- ➜ V = Verzichten
- ➜ F = Flüchten

Zähle nun die Punkte zu jedem Buchstaben zusammen und trage sie unten in die Tabelle ein. Im Beispiel ergibt sich:

- ➜ V: einmal 5 Punkte,
- ➜ F: einmal 2 Punkte,
- ➜ D: 0 und 1 Punkt = 1 Punkt,
- ➜ K: 3 und 2 Punkte = 5 Punkte.

Verhalten	K Kompromiss schließen	D Durchsetzen	V Verzichten	F Flüchten
Summe der Zahlen für diese Verhalten	**5**	**1**	**5**	**2**

Werte nun deinen eigenen Fragebogen aus und trage die addierten Punkte zu jedem Buchstaben in die Zeile unter den einzelnen Konfliktstrategien ein.

Verhalten	K Kompromiss schließen	D Durchsetzen	V Verzichten	F Flüchten
Summe der Zahlen für diese Verhalten				

Hast du dein Verhalten in Konfliktsituationen so eingeschätzt oder überrascht dich das Ergebnis?

Rollenspielkarten (1/12)

(Sitzung 10)

Kopieren Sie die Karten (möglichst auf festes Papier), schneiden Sie sie aus und laminieren Sie sie.

Bereich: Recht durchsetzen (Rollenspiele 1 bis 4)

Rollenspiel 1: Laute Musik

Situation

Es ist kurz vor Mitternacht. Du hast am nächsten Tag frei und einen Freund zu Besuch. Ihr habt gute Laune und hört Musik. Die Eltern kommen ins Zimmer und beschweren sich.

Instruktionen Elternteil

Du musst am nächsten Tag arbeiten und hast außerdem Sorge, dass auch die Nachbarn belästigt werden. Bringe deine Argumente vor. Aggressionen helfen nicht weiter. Lasse dich nicht in Diskussionen verwickeln und schaue die anderen an.

Instruktionen Jugendlicher

Die Musik ist sehr laut gestellt. Dein Elternteil bittet um Ruhe. Du gehst zunächst nicht darauf ein und zeigst dich uneinsichtig. Später gibst du nach.

Rollenspielkarten (2/12)

Rollenspiel 2: Umtausch

Situation

Du hast in einem Geschäft ein Tablet oder aber ein Kleidungsstück eingekauft. Du bringst das Gekaufte, nachdem du einen Fabrikationsfehler festgestellt hast (denke dir einen kleinen Fehler aus), am nächsten Tag zurück und verlangst, dass du ein anderes Exemplar bekommst.

Instruktionen Kunde

Entschuldige dich nicht, stelle nur die Sachlage klar, benutze das Wort „Ich" und drücke auch ruhig deinen Ärger aus. Verlange notfalls, die Geschäftsführung zu sprechen.

Instruktionen Verkäufer

Du bist Angestellter des Kaufhauses und nimmst die Reklamation entgegen. Höre zu und reagiere.

Abb. Fußzeile: Magnus Siemens | ISBN 978-3-8346-3063-6 | www.verlagruhr.de

Rollenspielkarten (3/12)

Rollenspiel 3: Personalausweis

Situation

Du willst dir einen neuen Personalausweis ausstellen lassen.
Ein Beamter hat dir erklärt, was du alles tun musst.
Du hast ihn aber nicht verstanden.
Du bittest um eine genaue und langsame Erklärung.

Instruktionen Bürger

Bringe keine langen Entschuldigungen vor. Bitte um eine neue Erklärung auf eine höfliche, aber bestimmte Art. Wiederhole die Erklärung des Beamten kurz, um sicherzustellen, dass du sie richtig verstanden hast.

Instruktionen Beamter

Du bist ein Beamter im Einwohnermeldeamt. Du hast gerade der Person gegenüber erklärt, was sie alles tun muss, um sich einen Personalausweis ausstellen zu lassen.
Reagiere auf die Bitte um Wiederholung.

Rollenspielkarten (4/12)

Rollenspiel 4: Im Zug

Situation
In einem Zugabteil sitzen zwei Personen, die alle sechs Plätze blockiert haben. Du verlangst, dass dir ein Platz frei gemacht wird, damit du dich setzen kannst. Beide ignorieren dein Verlangen.

Instruktionen Platzsuchender
Du bestehst auf einem Sitzplatz und machst das auch deutlich.

Instruktionen Platzinhaber
Du ignorierst den Platzsuchenden.

Alternative:
Du versuchst, den Platzsuchenden davon zu überzeugen, sich einen anderen Platz zu suchen.

Abb. Fußzeile: Magnus Siemens | ISBN 978-3-8346-3063-6 | www.verlagruhr.de

Rollenspielkarten (5/12)

Bereich: „Beziehungen" (Rollenspiele 5 bis 8)

Rollenspiel 5: Ausgenutzt

Situation
Du fühlst dich von einem guten Freund ausgenutzt, der sich immer wieder bei dir Geld leiht und dieses nur schleppend oder gar nicht zurückzahlt. Als er wieder einmal fragt und sich Geld leihen will, sprichst du das Problem an.

Instruktionen Geldverleiher
Bringe deine Gefühle klar zum Ausdruck und beschreibe, durch welche Verhaltensweisen des Freundes diese ausgelöst werden. Vermeide übertriebene Verallgemeinerungen. Sprich über deine Vorstellungen, wie er die Situation in Zukunft ändern könnte.

Instruktionen Geldleiher
Du willst dir mal wieder Geld leihen. Höre den Einwänden des Freundes zu und entwickle Vorstellungen, wie du die Situation in Zukunft ändern könntest.

Abb. Fußzeile: Magnus Siemens | ISBN 978-3-8346-3063-6 | www.verlagruhr.de

Rollenspielkarten (6/12)

Rollenspiel 6: Körpergeruch

Situation

Bei einer dir sehr gut bekannten Person ist dir schon öfter deren stark störender Körpergeruch aufgefallen. Du hast den Eindruck, dass die Person diesen selbst nicht bemerkt, und möchtest sie im eigenen Interesse darauf aufmerksam machen.

Instruktionen für die den Körpergeruch riechende Person

Nimm den guten Bekannten für ein Gespräch beiseite und sage ihm, was dir aufgefallen ist. Äußere auch, wenn dir dieses Gespräch unangenehm ist oder schwerfällt. Sucht bei Bedarf gemeinsam nach Lösungsmöglichkeiten.

Instruktionen für die Person mit Körpergeruch

Du hast starken Körpergeruch. Höre, was dir der Freund zu sagen hat, und reagiere.

Abb. Fußzeile: Magnus Siemens | ISBN 978-3-8346-3063-6 | www.verlagruhr.de

Rollenspielkarten (7/12)

Rollenspiel 7: Sozialstunden

Situation

Du leistest Sozialstunden bei den Umweltbetrieben der Gemeinde ab und fühlst dich vom Kolonnenführer ungerecht behandelt. Er macht immer wieder Anspielungen auf deinen Arbeitsstil und zweideutige Bemerkungen zu deiner strafrechtlichen Vergangenheit.

Instruktionen Sozialstundenleistender

Bitte den Kolonnenführer um ein Gespräch. Beschreibe genau, welche Verhaltensweisen dich stören und welche Gefühle bei dir dadurch ausgelöst werden. Äußere, was genau du dir von ihm in Zukunft wünschst.

Instruktionen Kolonnenführer

Du bist der Kolonnenführer, der immer Anspielungen macht. Du hast eine neue Bemerkung über den Sozialstundenleister gemacht (dass er faul ist, sehr langsam arbeitet, krumme Sachen macht). Höre, was der Sozialstundenleister zu sagen hat, und reagiere.

Abb. Fußzeile: Magnus Siemens | ISBN 978-3-8346-3063-6 | www.verlagruhr.de

Rollenspielkarten (8/12)

Rollenspiel 8: Trennung

Situation
Du erklärst deinem Freund/deiner Freundin, dass du dich von ihm/ihr trennen willst.

Instruktionen für die Person, die sich trennen will
Begründe ruhig und sachlich, warum du die Beziehung beenden willst.

Instruktionen für die Person, die sich nicht trennen will
Überzeuge deinen Freund/deine Freundin, sich nicht von dir zu trennen.

Rollenspielkarten (9/12)

Bereich „Um Sympathie werben" (Rollenspiele 9 bis 12)

Rollenspiel 9: Fahrrad fahren

Situation

Du fährst mit deinem Fahrrad durch die Fußgängerzone, obwohl dies nicht gestattet ist. Du wirst von einem Polizisten angehalten. Ein Verwarnungsgeld droht. Versuche, den Polizisten zu einer Rücknahme des Bußgeldes oder wenigstens zu einer Strafmilderung zu bewegen.

Instruktionen Radfahrer

Bleibe freundlich. Gib die Schuld offen zu. Das Recht ist nicht auf deiner Seite. Du hast lediglich das Recht, einen Versuch in Richtung Strafmilderung zu unternehmen.

Instruktionen Polizist

Höre zu, bleibe freundlich und reagiere auf die Bitte des Radfahrers.

Abb. Fußzeile: Magnus Siemens | ISBN 978-3-8346-3063-6 | www.verlagruhr.de

Rollenspielkarten (10/12)

Rollenspiel 10: PlayStation

Situation

Du willst am Samstagabend mit der PlayStation spielen und möchtest gerne, dass dein Freund mitspielt. Er möchte aber ins Kino gehen. Du versuchst, ihn zum PlayStation-Spielen zu überreden.

Instruktionen PlayStation-Spieler

Versuche, deinen Freund mit verschiedenen Argumenten zum Spielen zu überreden. Gib nicht so schnell auf. Zeige deine Vorfreude und Begeisterung für das Spiel. Locke ihn mit attraktiven Angeboten.

Instruktionen Kinogänger

Du möchtest gerne ins Kino gehen. Dein Freund möchte aber mit dir gemeinsam PlayStation spielen. Lasse dich von seinen Überredungskünsten überraschen und reagiere darauf.

Abb. Fußzeile: Magnus Siemens | ISBN 978-3-8346-3063-6 | www.verlagruhr.de

Rollenspielkarten (11/12)

Rollenspiel 11: Arbeitsagentur

Situation

Aufgrund einer persönlichen Notlage benötigst du die Bearbeitung deines Hartz IV-Antrages bis zu einem bestimmten Termin. Der Sachbearbeiter teilt dir jedoch mit, dass die Bearbeitungszeiten deutlich länger sein werden. Versuche, den Beamten zu einer bevorzugten Behandlung bzw. zu einer Vorschusszahlung zu bewegen.

Instruktionen Hartz IV-Bezieher

Sei freundlich und appelliere an die Sachkenntnis und Befugnis des anderen. Versuche, alle entgegenkommenden Äußerungen zu verstärken und alle Einwände zu ignorieren. Hebe Äußerungen des Sachbearbeiters durch Wiederholung hervor.

Instruktionen Sachbearbeiter

Du bist Sachbearbeiter bei der Arbeitsagentur. Du teilst gerade deinem Kunden mit, dass die Bearbeitungszeit länger dauert, als er vermutet. Höre ihm zu und reagiere auf seine Bitte.

Abb. Fußzeile: Magnus Siemens | ISBN 978-3-8346-3063-6 | www.verlagruhr.de

Rollenspielkarten (12/12)

Rollenspiel 12: Schulbus

Situation
Du möchtest dich im Schulbus mit einem Mädchen/Jungen, das/der dir schon häufiger aufgefallen ist, unbedingt unterhalten. Beginne ein Gespräch.

Instruktionen Kontaktsuchender
Beginne das Gespräch.

Instruktionen Mädchen/Junge
Höre dir an, was der Kontaktsuchende zu sagen hat, und entscheide nach deinem Gefühl, ob du auf das Gesprächsangebot eingehst.

Auswertungsbogen zu den Rollenspielen

(Sitzung 10)

Was war leicht?
Was war schwer?
Wie hast du dich in der Situation gefühlt?
Hast du dein Ziel erreicht?

Abb. Fußzeile: Magnus Siemens | ISBN 978-3-8346-3063-6 | www.verlagruhr.de

Analysebogen Entscheidungsfindung

(Sitzung 13)

Wie schaffe ich es, mich zu entscheiden?

Aufgabe
Wähle eine Situation aus deinem Leben, in der du dich nicht entscheiden konntest bzw. wolltest.

Entscheidungsthema: ....

....

Fülle nun für diese Situation die folgenden Kästen aus.

Was passiert, wenn ich es mache?

Vorteile	**Nachteile**

Was passiert, wenn ich es nicht mache?

Vorteile	**Nachteile**

Welche **Entscheidung** würdest du nun treffen?

....

....

Abb. Fußzeile: Magnus Siemens | ISBN 978-3-8346-3063-6 | www.verlagruhr.de

Arbeitsblatt Ankersymbol

(Sitzung 15)

Ablaufplan für eine Sitzung

(Dokumentations- und Auswertungsinstrumente)

zur Sitzung Nr.: .... am: ....

Zeit	Inhalte	Material	Leitung
Pause			
Zeit	**Inhalte**	**Material**	**Leitung**
Wichtig:			

Abb. Fußzeile: Magnus Siemens | ISBN 978-3-8346-3063-6 | www.verlagruhr.de

Protokollbogen für eine Sitzung

(Dokumentations- und Auswertungsinstrumente)

zur Sitzung Nr.: .... vom: ....

<table>
<tr><td colspan="2">Anwesende:</td></tr>
<tr><td>entschuldigt fehlt:</td><td>unentschuldigt fehlt:</td></tr>
<tr><td colspan="2">Thema der Sitzung:</td></tr>
<tr><td>Verlauf:</td><td>Arbeitsform:</td></tr>
<tr><td colspan="2">Prozessanalyse:</td></tr>
<tr><td colspan="2">persönliche Einschätzung der Gruppensitzung:</td></tr>
<tr><td colspan="2">Leiterverhalten:</td></tr>
<tr><td colspan="2">besondere Auffälligkeiten:</td></tr>
<tr><td colspan="2">Arbeitsaufträge für die nächste Sitzung:</td></tr>
</table>

Beobachtungsbogen zu einem Teilnehmer

(Dokumentations- und Auswertungsinstrumente)

zur Sitzung Nr.: .... vom: ....

Name des Teilnehmers:
persönliche Beteiligung: **(verbal – nonverbal)**
Rolle in der Gruppe:
Veränderungen:
Besonderheiten:

Einzelauswertung am Ende des Trainings

(Dokumentations- und Auswertungsinstrumente)

Name des Teilnehmers: ....

Position in der Gruppe	**Sozialverhalten**	**Verhalten bei Aktivitäten** (Klettern, Paddeln, Arbeiten in Gruppen etc.)
Verhaltensauffälligkeiten/ besondere Merkmale	**Verhaltensveränderung**	**Perspektive für die weitere Zusammenarbeit**

Teilnahmebescheinigung

(Sitzung 15)

KRASS KORREKT!

Teilnahmebescheinigung

KRASS KORREKT!

....

Name des Teilnehmers

hat an dem sozialen Training **„Krass korrekt!"**

vom .... bis ....

erfolgreich teilgenommen.

Ort: ...., Datum: ....

....

Unterschrift Gruppenleitung

....

Unterschrift Gruppenleitung

KRASS KORREKT!

Medientipps

Literatur

Eva & Hans-Joachim Blum
Konflikte im Klassenzimmer rechtzeitig erkennen, deeskalieren, lösen.
Strategien zum konstruktiven und effektiven Umgang mit Auseinandersetzungen in der Schule. Vollständig überarbeitete und aktualisierte Neuauflage.
Verlag an der Ruhr, 2025.
ISBN 978-3-8346-6811-0

DBH-Fachverband und Förderung der Bewährungshilfe in Hessen e. V. (Hrsg.)
Training Soziale Kompetenzen.
Handbuch für ein verhaltensorientiertes Training in Bewährungs- und Straffälligenhilfe. DBH-Materialien Heft 54.
DBH, 2006.
ISBN 978-3-924570-12-4

Paul Ekman
Gefühle lesen.
Wie Sie Emotionen erkennen und richtig interpretieren.
Springer Spektrum, 2014.
ISBN 978-3-8274-2568-3

Birgit Funke, Harald Podzuweit
Regeln gemeinsam setzen!
Die Erstellung von Klassenregeln im Kontext des sozialen Lernens."
In: Alfred Roos, RAA Brandenburg (Hrsg.)
Klasse werden – Klasse sein!
Von Klassenregeln, Klassenrat, Gruppenfeedback und Wir-Werkstatt.
Eine Handreichung zur Stärkung der Beteiligung von Schülerinnen und Schülern.
https://bildungsserver.berlin-brandenburg.de/fileadmin/bbb/schule/Schulkultur/mitwirkung/mitwirkungsgremien_in_brandenburg/RAA-Broschuere_gesamt.pdf

Bernd Heckmair, Werner Michl
Erleben und Lernen.
Einführung in die Erlebnispädagogik.
Reinhardt, 2012.
ISBN 978-3-497-02293-9

Rüdiger Hinsch, Ulrich Pfingsten
Gruppentraining sozialer Kompetenzen (GSK).
Grundlagen, Durchführung, Materialien. 8. Auflage.
Beltz, 2025.
ISBN 978-3-621-29329-7

Antonia Klein, Brunhilde Schmidt
Ich – Du – Wir alle!
33 Spiele für soziales Kompetenztraining.
Verlag an der Ruhr, 2009.
ISBN 978-3-8346-0569-6

Heinz Klippert
Teamentwicklung im Klassenraum.
Übungsbausteine für den Unterricht. 11. Auflage.
Betz, 2019.
ISBN 978-3-407-63169-5

Andreas Krenner
Die große Spielesammlung für Schule und Jugendarbeit.
300 Ideen für große und kleine Gruppen. Aktualisierte Neuauflage.
Verlag an der Ruhr, 2024.
ISBN 978-3-8346-6678-9

Johanna Moog
Respekt! - Die Kartei zum sozialen Kompetenztraining.
Für Schule und Jugendarbeit.
Verlag an der Ruhr, 2025.
ISBN 978-3-8346-6958-2

Annette Reiners
Praktische Erlebnispädagogik.
Bewährte Sammlung motivierender Interaktionsspiele. 10. überarbeitete Auflage.
Ziel, 2019.
ISBN 978-3-965570-52-8

Evelyn und Sven Schöllmann
Gewaltfreie Kommunikation in der Sekundarstufe.
Übungen, Spiele und Kopiervorlagen für ein gutes Klassenklima.
Verlag an der Ruhr, 2023.
ISBN 978-3-8346-6395-5.

Links

Übersicht über das Jugendgerichtsgesetz
www.gesetze-im-internet.de/jgg/

weiterführende Informationen zur Biografiearbeit (Kersten Reich)
http://methodenpool.uni-koeln.de/download/biografiearbeit.pdf

weiterführende Informationen zum Thema „Körpersprache"
www.planet-wissen.de/kultur_medien/kommunikation/koerpersprache/

Endnoten

[1] aus: Barbara Langmaack, Soziale Kompetenz, S. 23. © 2004 Beltz Verlag in der Verlagsgruppe Beltz, Weinheim Basel.

[2] Birgit Funke und Harald Podzuweit: Regeln gemeinsam setzen! http://bildungsserver.berlinbrandenburg.de/fileadmin/bbb/schule/mitwirkung/mitwirkungsgremien_in_brandenburg/pdf/RAA-Broschuere_gesamt.pdf S. 16

[3] vgl. www.patrickwagner.de/Egogramm/Erklaerung.htm

[4] Bernd Heckmair, Werner Michl: Erleben und Lernen. Einführung in die Erlebnispädagogik. Reinhardt, 2012. S. 115 f.

[5] vgl. Barbara Duell, Inge Maria Mandac: Konflikttraining mit Eltern. Das Kooperationsprogramm für Schule und Elternhaus. Mülheim an der Ruhr, 2003.

[6] vgl. ebd.